王培明　著

构建富有生长力的
数学课堂

海峡出版发行集团 | 海峡文艺出版社
THE STRAITS PUBLISHING & DISTRIBUTING GROUP | Hai-Lu Literature & Art Publishing House

图书在版编目(CIP)数据

构建富有生长力的数学课堂/ 王培明著. 一福州:海峡
文艺出版社,2024.7

ISBN 978-7-5550-3801-6

Ⅰ.G623.502

中国国家版本馆 CIP 数据核字第 2024D7K865 号

构建富有生长力的数学课堂

王培明　著	
出 版 人	林　滨
责任编辑	朱墨山
出版发行	海峡文艺出版社
经　　销	福建新华发行(集团)有限责任公司
社　　址	福州市东水路 76 号 14 层
发 行 部	0591－87536797
印　　刷	福州力人彩印有限公司
厂　　址	福州市晋安区新店镇健康村西庄 580 号 9 栋
开　　本	720 毫米×1010 毫米　1/16
字　　数	180 千字
印　　张	16.25
版　　次	2024 年 7 月第 1 版
印　　次	2024 年 7 月第 1 次印刷
书　　号	ISBN 978-7-5550-3801-6
定　　价	68.00 元

如发现印装质量问题,请寄承印厂调换

序

　　读王培明老师寄来的"构建富有生长力的数学课堂"书稿，感触良多。

　　课堂是教育的主阵地，一端链接着学生，另一端链接着民族的未来。如何思考我们的课堂，如何思考学生的学习，是每位老师的必修课。

　　王培明老师的这本书，开篇就看到大写的"生长"二字，提出"富有生长力的数学课堂"的主张及系列策略。这是她从教这些年来躬身于教育事业的实践成果。翻开每一个篇章，她研究学生、研究课堂的每一个思考穿梭在字里行间，而她个人成长的每一个历程也跃然于纸上。

　　她关于这一理论主张的论述及实践的样态，都特别鲜明。书中有她关于教育理念的不断求索，亦有她立足于儿童视角的各种思考，还有她探索过程中留下的丰富案例。她的数学课堂从倾听学生的生长需求入手，建构起多维观察、多向互动、多元说理等学习方式，充分关注"读""思""达"，形成一个完整的学习链；又立足于课堂，书写自然生长的环境，于"慢"中静待花开，于"动"中修枝剪叶，动静相宜，张弛有度，让师生双方在教育教学活动中敞开心扉，打开彼此的生活经验，进入彼此的精神世界，实现相融、共长。

认识王培明老师数余年，她作为福建省小学数学第三批教学研究基地校的核心组成员，我一路见证她的研究与成长。这一过程中，她怀着对教育的理想和追求一路前行，扎根于泉州，融入到每一个教育教学的场景中，契而不舍的研修之路上，她就像一个掘井人，锚定一个点，持续挖掘。期待培明老师继续不断探寻，实现自我超越的同时，也以生长的方式带领团队不断超越、蜕变、成长。

福建省普通教育教学研究室

2024 年 5 月

目　录

第一章　富有生长力的
数学课堂的意义内涵

富有生长力的数学课堂：
素养导向，学科育人

　　《义务教育数学课程标准（2022 年版）》提出了以"三会"为中心的基于核心素养的小学数学课程目标体系，这个目标体系的不同层次之间以递进的方式联结。其中，知识与技能通常蕴含在情境中，学生在真实情境中挖掘、提炼和发现数学知识，发现和提出问题，分析和解决问题，在收获知识与技能的同时，积累思考和体验。当这些思考和体验反复出现时，特别当学生有意识、有步骤地将其运用于分析问题和解决问题的过程中时，这些思考和体验就会逐渐发展为思想和经验，如符号意识、运算能力等。但是，在日常教学中，我们还经常看到忽视学生思考与体验的课堂。例如：学生会计算两位数乘一位数，却不理解为什么这样算，不能依托"计数单位"这一核心概念解释计算的道理。又如：计算长方体的体积，只知道用"长×宽×高"，却不明白其背后的度量本质，更是难以落实量感的培养。诸如此类现象，学生并没有真正探寻知识的本质，掌握技能的真义，领略思考的魅力，更无法论及基于已有认知主动探究知识、分析解决问题和发展素养了。

随着基础教育课程改革的深入，个体的终身持续发展越来越得到广泛的重视。基于学科特征，数学教育工作者应站在"为社会培养人"的高度，以更加长远的目光、更加广博的视野看待教学，把课堂还给学生，以核心问题引领他们独立思考，以小组共学促进他们交流思想，以问题解决推动他们重组认知，让数学学习真正发生，发展学生的思考力和学习力。因此，我们需要以纵横联系的视角看待数学知识，以解决困惑的需求审视课堂，以动态发展的观念追寻真实学习。构建富有生长力的数学课堂是教师专业成长的需求，是学生素养提升的需求，也是落实课程目标以及追求教学品质的应然要求。

第一节 富有生长力的数学课堂的内涵诠释

数学课教些什么？一定有不少人觉得这个问题无须思索，因为与其他学科相比，数学知识内容明确、板块分明、条线清晰，甚至还有现成的问题串，一看教材，就能知道本节课该讲些什么。然而，数学教材文本呈现的是压缩了生长性过程的数学知识。从大量的常态课与公开课中不难看出，忽略学生已有的生活经验和认知基础的现象在教学中较为普遍地存在，要么按部就班地机械讲授，要么主观臆断地弃而不用。其实，很多学生自身资源的背后蕴藏着生长新知、提升素养的良好契机。开展构建富有生长力的数学课堂的探索与实践，有利于教师准确把握学生的生活经验和认知起点，捕捉课堂中出现的错误资源，倾听学生的疑难困惑，展现学生的差异化思维，并及时采取适宜的引导策略，让学生在知识形成和解决问题的过程中，感受数学独特的思维方式，融会贯通、灵活迁移，获得智慧的启蒙、素养的滋润和生长的力量。

一、"富有生长力的数学课堂"的核心词解说

"生"："生成"，即"经历""体验""探索"等；"长"："成长""发展"，即"完善""提升""丰盈"等。"生长"，是生命力在原有基础上不断发展、逐渐壮大的过程。

富有生长力的数学课堂，指学生在教师的引导下，经历与文本、同伴及其他教学资源的多向互动，主动运用数学的思维方式进行思考，获得数学的基础知识、基本技能、基本思想和基本活动经验，增强发现与提出、分析与解决问题的能力，在这个过程中，感受数学之美、感悟数学之妙、感觉数学之用，进而逐步形成良好的数学素养。富有生长力的数学课堂以挖掘学生的自身资源为生长点，以优化教师的引导策略为生长力，最终实现师生互促共长。

二、"富有生长力的数学课堂"的理论基础

（一）新课程理念

《义务教育数学课程标准（2022 年版）》在"课程基本理念"中指出："数学课程致力于实现义务教育阶段的培养目标，使得人人都能获得良好的数学教育，不同的人在数学上得到不同的发展，逐步形成适应终身发展需要的核心素养。""发展"是一个哲学范畴，是指事物由弱小到强大、由简单到复杂、由低级到高级、由旧事物到新事物的运动变化过程，与生物学范畴的"生长"这一描述有异曲同工之义。

（二）数学学科特点

著名数学家徐利治教授曾深刻指出："数学从它诞生那天起，就与思维结下了不解之缘。数学的存在和发展都要依靠思维，都要通过思维来表现，反过来，数学又是思维的工具。"数学的学科特点决定了数学学习就是学生在数学活动中思维不断生长的过程。

（三）教育学理论

在美国哲学家、教育家杜威看来，经验是一种生命现象，具有交互作用和连续性的特点。经验的交互作用是指生命体与物理环境、社会环境之间的有目的、有意义的交流，而不仅仅是主体的一

种被动认识事件。经验还具有连续性，先前的经验会影响后来的经验的性质。杜威把经验的这种连续性和交互作用比喻为"经"和"纬"，两者互相制约，相互联合，密不可分。在此基础上，杜威提出了重要的"教育即生长"教育观，并在《民主主义与教育》这本书中做了阐述。他说："教育即生长，除它自身之外并没有别的目的。"杜威认为学校教育的价值在于能否运用适当的方法为学生创造不断的"生长欲望"。"教育即生长"，道出了教育的本义。

无独有偶，在我国，著名教育家叶圣陶先生也曾说过："教育是农业，不是工业。"一粒种子，从发芽到拔节，从开花到结果，大自然赋予其无穷的"生长"机缘和力量。

(四) 心理学理论

美国心理学家奥苏贝尔指出："假如让我把全部教育心理学仅仅归结为一条原理的话，那么，我将一言以蔽之曰：影响学习的唯一最重要的因素，就是学习者已经知道了什么。要探明这一点，并应据此进行教学。""富有生长力的数学课堂"基于学生已有的生活和数学现实来展开教学，能充分激发学生的学习兴趣和主观能动性，激活有效经验，让学习焕发生命活力！

三、"富有生长力的数学课堂"的实践建构

(一)"富有生长力的数学课堂"的理想样态

"富有生长力的数学课堂"，依托"教学"维度带动"目标""课程""评价""技术"等维度的发展（如下图所示），五个维度和谐共进，课堂逐步趋向人本取向、素养本位、学生中心、技术支撑、综合评价的理想组合，从而促进学生的健康成长和教师的专业发展。

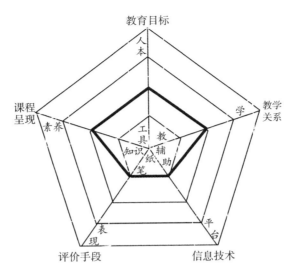

构建前

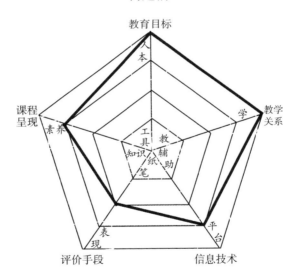

构建后

（二）"富有生长力的数学课堂"的构建路线

构建富有生长力的数学课堂，围绕"沟通联系，完善认知结构""引发冲突，提升数学思维""探寻本质，丰盈活动体验"等不同维度，紧扣"教学前测""随堂检测"和"教学后测"三点一线进行对比研究，依托"三层六环"实现教学相长、促进师生素养提升的目标。

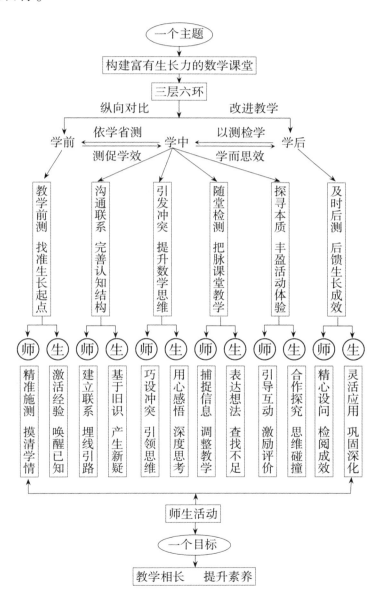

(三) "富有生长力的数学课堂"的实践价值

1. 富有生长力的数学课堂构建有利于促进教师对教材体系的整体解读。

构建富有生长力的数学课堂，要充分关注把不同版本教材进行横向对比研究，把同一版本教材进行纵向对比思考，从而利于教师从宏观上解读教材的编写意图，准确把握每节课的学习起点、学习深度，在如何依旧引新（找寻学生的生长起点）、以知拓思等方面做出正确的决策。这是学生数学思维获得有益生长和可持续学习能力得以进一步提升的前提与基础。

2. 富有生长力的数学课堂构建有利于提升教师对学生资源的准确把握。

构建富有生长力的数学课堂，以挖掘学生的自身资源为生长点、以优化教师的引导策略为生长力，最终实现师生互促共长，这对教师调控和运用课堂生成资源提出了高要求。为此，需要教师就课堂教学片段案例、学生随堂检测情况以及学习前、后测对比等进行深入浅出的分析，努力以形象化、具体化的可感方式来解读师生互动过程，从而利于正确辨别有益资源和无效资源，明晰资源的类别与处理、运用方式，促进教师把握课堂的能力日渐成熟，这是课堂富有生长力的核心保障。

3. 富有生长力的数学课堂构建有利于拓宽学生自主学习的时间和空间。

构建富有生长力的数学课堂，需要大胆地暴露、放手、留白、等待，通过不断的学习、研究和反思，获得教师和学生的持续成长。在日常课堂上，将越来越多地聆听到直指知识本质的设疑促思，越来越多地捕捉到静待花开时耐心、从容的神情，越来越多地欣赏到弯下腰来认真倾听学生想法的身姿，学生凝神静思的场景多了，自主探究的时间和空间多了，质疑问难的场景和机会多了。构建富有生长力的数学课堂，转变教学方式，把课堂还给学生，精彩纷呈，惊喜不断！

第二节　富有生长力的数学课堂的基本理念

德国著名心理学家、教育学家卡尔·雅斯贝尔斯在《什么是教育》一书中这样阐释教育的本质："一棵树摇动另一棵树，一朵云推动另一朵云，一个灵魂唤醒另一个灵魂。"是的，教育绝不仅仅是语言的传递与交流，不仅仅是简单的"告诉"——告诉孩子们"这是什么""你可以这样做""为什么是这样"，而是一个"渗入"的过程，就像春雨均匀、轻柔地洒向大地，慢慢地、慢慢地，一丝丝、一点点地"渗入"泥土。入髓的温润，却无声，悄悄地拔节，在生长！

首先，学生是有生长需求的，是学习的主体。作为一个个体，每个人都有与生俱来的禀赋、能力，教育就是要让这些禀赋和能力得到很好的生长。数学，既是学生生长的需要，又是他们生长的载体。

其次，数学是有生长特性的，是教学的根本资源。数学不是"冰冷"的知识，更不是一种解题工具。数学知识经历了漫长的发展历程，其过程及背后的发展规律是数学知识最大的魅力所在，也是数学课堂取之不尽、用之不竭的教学资源！

最后，数学教学是有生长时空的，是互动交流与自我完善的平台。在数学教学中，教师应蹲下来，以学生的视角对数学知识追本溯源，还原其诞生、演变的"过程形态"，给学生提供一个具有生长性的学习时空。让学生在兴趣驱动下，通过独立思考或合作交流感悟数学的基本思想，在参与数学活动的过程中形成认真勤奋、独立思考、合作交流、反思质疑等良好的学习习惯。这样的生长，更多地体现在思维的提升、智慧的启蒙、素养的滋润，而不仅仅是数学知识的积累与技能的习得。

下面，以一次学生课堂练习引发的互动与思考，阐释以上教育教学理念。

【案例背景】

周点点（小名），男，11 岁，小学五年级学生，性格开朗，思维敏捷，语言表达能力特别突出，但课堂参与度不高，较经常"忘了做作业"。

这是周点点（下文用"点"表示）学习"找最小公倍数"后完成 3 道练习题时的解答：

①五年 2 班有学生不足 50 人，进行队列演练时，每行 12 人或者 16 人都能正好站成整行。这个班有多少人？

12÷（16-12）×16＝48（人） 48<50 答：这个班有 48 人。

②一篮鸡蛋，每次拿 6 个或者每次拿 8 个，都能正好拿完。这篮鸡蛋至少有多少个？

6÷（8-6）×8＝24（个） 答：这篮鸡蛋至少有 24 个。

③海滨路是 9 路和 29 路公交车的起点站，9 路车每 4 分钟发车一次，29 路车每 6 分钟发车一次。这两路汽车同时发车后，至少再经过多少分钟又同时发车？

4÷（6-4）×6＝12（分） 答：至少再经过 12 分钟又同时发车。

【互动片断】

孩子，你真行

师：你的解题方法与众不同，能和我说说你的想法吗？

点：好，比如说第①题吧，16-12是求出它们俩的最大公因数4，然后用较小数12除以4，得3，最后用3去乘较大数16，就可以得出这两个数的最小公倍数是48了。用这样的方法也可以求出第②题和第③题的答案。

师：嗯，你表达得非常清楚，那我们一起来举几个例子再验证一下你的发现，好吗？

（师与生一起用此方法求出两个数的最小公倍数，并用课堂上学习的方法加以验证，屡试不爽，师由衷地赞扬孩子不仅勇于开动脑筋思考问题而且敢于大胆地表达自己的想法）

咦！咋又行不通了呢

师：咱俩来比赛一下吧？用你喜欢的方法算一算6和15的最小公倍数。（点点即刻投入状态，但很快就显露出急躁）

点："15-6"太大了。

师：嗯，这个例子好像可以说明你的方法不管用哦。是不是就把它推翻掉了呢？

点（一副不甘心的样子）

师：你能不能也举出一两个类似于这样能反驳掉自己的方法的例子来？

点（执笔，很快写出）

师：这样吧，把两种不同情况的例子进行对比，试着为你"发明"的方法确定一个适用范围，咋样？

噢，原来是这样啊

（第二天）

点：（情绪异常兴奋，递给我一张纸条）"我的结论：当两个数所组成的分数约分成最简分数后分子与分母仅相差1时，这两个数的最小公倍数可以这样求：较小数÷（较大数−较小数）×较大数。例如……"

（此时，我与点点会心一笑，眼神里写满了欣赏，还夹杂着几分激动）

点：其实，当两个数的差就是它们的最大公因数时，这样的方法就是适用的。

师：棒极了，我们也可以站在短除法（课堂上曾做介绍）的角度来看这个问题，你看：

当较大数与较小数的差就是它们的最大公因数 E·F 时，较小数÷（较大数−较小数）所得的商就是 A，而 A·较大数其实就相当于 A·（E·F·B），于是用这样的方法就可以求出两者的最小公倍数了。

（点点猛点头，蹦着步笑嘻嘻地离开）

【案例简析】

1. 赏识，引发数学思考的外部动力。

每个人都有获得别人认同与肯定的心理需求，儿童亦不例外。阅读点点的作业，对于这一方法的局限性心中已有数，但我还是给点点表达自我想法的机会，并与他一起举例验证、分享喜悦，由衷地赞赏他，希望他能真正体验有所"思考"的"交流"所带来的乐趣。

2. 引领，促进数学思考逐步深入。

新课程背景下的教师角色定位，实质上对教师于学生学习过程中指导作用的发挥提出了更高的要求，"思维"不能手把手地教，但可以感悟思考的方法，这就需要教师有针对性的引领。本案例中，我话锋一转，抛出"6和15"这一对数，旨在引发点点的思维冲突，进而引领其相对完整地经历"发现——验证——产生困惑——进一步发现——再次验证——得出结论"的过程。其间，作为"学习共同体"的我的真诚、专注和对这一互动过程本身的喜爱之情也至关重要，它有利于创设一种美好的意境，让孩子于不知不觉间感受数学思考、交流乃至数学知识本身独具的吸引力。

3. 成就，增强数学思考的内驱力。

学习获得成功的体验，对激发孩子后续学习信心与主动寻求发展的积极促进作用毋庸置疑。我想，点点最后得到的结论固然有其不凡的意义，但更为重要的是他在经历这一段互动的过程中，通过大胆的表达、专注的倾听等，在交流中产生碰撞，从而逐步完善自身想法。"真正理解和掌握基本的数学知识与技能、数学思想和方法"，这也许将成为他在数学领域的进一步学习不可或缺的宝贵财富。

4. 重组，提升数学思考的有效度。

数学学科知识具有特别强的系统性、连续性等特点，因此，我并不满足于让点点的"思考"起于亦止于自己个人的想法，成为一个零碎、独立的片断。我试着引导点点将"新发明"与短除法进行比较，沟通解决问题的不同策略之间的联系，有利于孩子主动将原有认知结构打破重组，进而建构起新的知识和经验体系。

第二章　富有生长力的
数学课堂的学习方式

蹲下来，倾听学生的生长需求

有一种现实状况很值得关注，那就是当老师把小学生做错的题目做上标记令其重做时，多数学生是能够自主修正错误的。这种现象十分普遍，甚至可以说在大多数孩子的身上出现，且可能在部分孩子的身上频繁出现，对此，家长经常主观认定为孩子们"不认真"所致。若能透过现象看本质，就会发现这其实映射出小学生数学阅读能力与其思维发展水平不相协调的状态。面对这样的情况，老师们通常会再三强调："同学们一定要认真审题啊!"这里的"审题"实质就是去情境化后的数学抽象，用数学的思维方式理解数学语言（文字、图形或符号），弄清其显性的已知信息，把握隐性的已知和未知信息，进而联想到相似问题，激活相关经验和思考等。在此过程中，学生带着思考阅读，用数学的方式表达对内容的理解，从而解决问题。

综观近现代认知心理学、教育心理学和教学论的研究结果表明，数学学习过程是一个汲取和表达交互作用的过程，阅读是汲取的重要途径，科学、合理的数学阅读是知识内化的重要推动力，表达是知识外化、实现转化和升华的必要手段，思考则是阅读和表达的核心，渗透在阅读和表达的全过程，即儿童的认知活动始于阅读，重在思考，成于表达。

构建富有生长力的数学课堂，充分关注"数学阅读"、"数学思考"与"数学表达"，努力实现《义务教育数学课程标准（2022年版）》提出的"三会"，即"会用数学的眼光观察现实世界""会用数学的思维思考现实世界""会用数学的语言表达现实世界"。

一方面，三者各自独立，各有内涵

数学阅读是指学生对数学材料（包含文字、数学符号、术语、公式、图表等）进行有意识、有目的的感知，历经转化、互译、记忆及个性表达等心理活动，实现阅读材料与原有认知结构相互作用的认知过程。

"数学思考"是阐述课程目标的一个重要方面，对学生的全面、持续、和谐发展有着重要的意义。它指人们在面临各种问题时，能主动从数学的角度进行观察和分析，进而运用数学的知识与方法来解决的思考方式，是一种周到而深刻的思考，其核心在于思维活动。

数学表达是数学思维的载体，是将思维所得的成果用语言、文字、图形、符号等方式清晰明确地反映出来的行为。

另一方面，三者相互渗透，互促共进

在小学数学教学中，"读""思""达"相互包含，互为手段。读是思与达的基础和方向，是培养儿童认知能力的关键；思是读的意义所在，是提高儿童思考能力的核心；达则是一切读与思的沉淀和归宿，是数学课程四维目标和谐统一的最高境界。小学数学"读

·思·达"形成一个完整的学习链，在教与学的过程中以思为核心相互联系、相互渗透，循环交互，让课堂充满生长的力量！

　　在教学中，教师基于数学本质，遵循小学生认知特点和身心发展规律，通过学习环境的创设、学习材料的选择、核心问题的引领、数学活动的组织和交流环节的设计等，引导学生进行精阅读、深思考、准表达，丰实认知的内涵，推进认知的深度，促进数学核心素养的扎实形成。

第一节　多维观察，让课堂因阅读而智慧

在"读""思""达"中，"读"是前提，要指导学生展开有效阅读，依托数学阅读引发数学思考，丰实认知的内涵，让课堂因阅读而智慧。

以读引思，主要体现在阅读中的辨析、类比、转化、想象，读懂知识本质，读清知识联系，读通表征形式，读活知识体系，从而驱动学生主动思考。

一、关注自主观察，获取感性支撑

观察是一种主动的感知活动，对思维起积极的促进作用。比如有序观察，有助于学生在头脑中形成关于观察对象的完整画面，从而有效捕捉和提取进行思维的数学信息，为后续的分析、比较、思考等活动提供必要的感性材料支撑，即为思维活动（认识规律）奠基。以北师大版二年级下册"'重复'的奥妙"教学的导入环节为例。

【教学片断】

师：同学们，"六·一"儿童节那天，蒙古族的小朋友们也载歌载舞地欢庆自己的节日，咱们一起来欣赏一下好不好？请你仔细观察：图中有什么？他们是怎样排列的？

动态展示主情境图（如下图），先出现蒙古包、气球柱和花坛，再逐个挂起灯笼，逐一插上彩旗，依次摆好盆花，最后，小朋友一个接一个地走上舞台。全程配有背景轻音乐，学生不知不觉地发出"哇""哇"的感叹声。

主题情境图中蕴含着大量的利于学生发现和表达规律的信息，以动态而优美的方式呈现，无疑赋予了这些素材生命的活力。在强烈的感官刺激下，学生不知不觉地进入有序观察状态，在初步感知规律的同时，获得美的享受，积累有效观察的活动经验，进一步体会数学与现实生活的联系，感受规律存在的广泛性。

二、用心解读文本，引领精准阅读

教师应重视对学生理解能力的培养，让他们学会在阅读中抓住关键点，从而对数学信息或问题产生更精准的解读，为更好地解决数学问题打下基础。比如："班级要开联欢会，要买苹果、橘子、香蕉、梨四种水果。应该怎么买水果呢？哪一种多买些，哪一种少买些？"提出问题后，教师引导学生仔细阅读信息和问题，然后充分结合自身的生活经验思考解决这个问题需要考虑哪些因素，厘清自己的思路。通过对主情境图及信息的阅读，学生抓住关键点，明确调查任务，并在分类的基础上用简洁的方式记录清楚数据，回答简单的问题，提出购买水果的建议。以上过程，既发展学生读取情境图及文本中信息的能力，又发展他们读取统计图表的能力。

三、联合多种途径，培养阅读习惯

（一）培养阅读教材的习惯

阅读能力在数学学科学习过程中体现的内容非常多，其中对于数学教材的阅读习惯培养是基础。很多的知识与技能要点都出现在数学教材中，但是由于学生对于阅读的重视不够，只关注书本上的计算公式以及习题，没有对其余内容进行阅读及理解的习惯，造成在后续知识点勾连的过程中后劲不足。尤其是在高年级解决问题的过程中，难度稍微有了一点提升，不再拘泥于简单的知识再现，而是将多个有关联的知识点进行融合运用。所以，教师要培养学生对于数学教材的阅读习惯。比如，教材中有一些重要字眼，大都蕴涵着知识的本质特征，也是理解和分析相似知识点之区别的关键所在，教师应指导学生在阅读教材的过程中用笔画出某一个知识点中的重要字眼，对这些重要字眼进行辨别和分析，促进对知识的全面理解与掌握。

（二）培养细致审题的习惯

很多学生在面对一些篇幅比较长的题干时，会给自己一种心理暗示，觉得解决这个问题非常困难，以致在题目阅读的过程中，难以抓住题目重点导致审题出现问题。教师要注意培养学生审题时的阅读习惯，引导他们在审题的过程中不仅要找关键词和关键数据，还应该明确关键词和关键数据之间的对应关系。只有在头脑中建构合理的对应关系才能在解决问题的过程中进行相应的分析。此外，教师可指导学生在审题的过程中多遍读题，利于对题干要点的理解和初步分析。

（三） 培养课外阅读的习惯

课外阅读对于提高学生的数学素养以及思维能力有着非常重要的作用，因为在课堂上的时间比较有限，学生可能对某些内容难以完全理解。教师可以指导学生在课外时间持续阅读，还可以找一些关于培养数学思维和数学能力的课外书或者绘本进行学习阅读。

第二节　多向互动，让学习因思考而深邃

在"读""思""达"中，"思"是关键，要引领学生实施多向互动，依托交流活动启迪深度思考，推进认知的深度，让学习因思考而深邃。

以思助达，主要体现在开展生本互动、师生互动和生生互动，借助丰富的数学材料、巧妙的核心提问、互动的交流平台，自然触发学生循思而达。

一、精准把握学情，引领数学思考有的放矢

《义务教育数学课程标准（2022 年版）》确立核心素养导向的课程目标，指出："核心素养是在数学学习过程中逐渐形成和发展的，不同学段发展水平不同，是制定课程目标的基本依据。"课程目标以学生发展为本，因此，基于学生已有的生活经验、知识储备以及思维特点展开教学，让数学思考指向明确，是获得良好教学效果的关键之处。教师应正确判断学生的认知发展水平和新知识的生长点，明确新知识与学生原有认知结构中相关知识之间的关系，引领学生经历知识的发生过程。而精准把握学情，既可以根据教学经验做出一定的判断，也可以通过对学生进行教学前测或者访谈来实现。

以北师大版三年级下册"认识面积"一课为例。在生活经验层面，学生耳濡目染了"面积""大小"等词汇，积累了"大小"的观念；在知识学习层面，学生初步掌握长度和长度单位、长方形和正方形的特征及其周长计算；在思维特点层面，三年级学生以具体的、生动的形象思维为主。那么，学生已有的这些知识和经验对于他们"感知物体表面大小""体会面积的含义"有什么作用，如何更好地发挥作用呢？教师可以通过如下教学前测了解学生的真实学情。

"什么是面积"教学前测情况分析

	前测题	答题情况		
题号	题干内容	作答内容	人数	占比
1	如上图所示，黑板面比电视机屏幕面（ ）。	"大"	52	96.3%
		"积"	1	1.85%
		放空	1	1.85%
2	这句话中是用黑板面和电视机屏幕面的（ ）在比较。	"面积"	44	81.48%
		"大小"	6	11.11%
		"表面积"	1	1.85%
		"面"	1	1.85%
		"积"	1	1.85%
		放空	1	1.85%

前测题			答题情况		
题号	题干内容		作答内容	人数	占比
二	下图中，哪些图形可以看出它面的大小，哪些图形的面没有大小？在你认为有大小的图形的序号上打"√"。①　②　③　④　⑤　⑥		①②④⑤项打"√"	44	81.48%
			全部打"√"	9	16.67%
			放空	1	1.85%
三	小明在方格纸上分别画了甲、乙两个图形，比较它们面的大小，那么（　　）。（A）甲比乙大　（B）乙比甲大（C）一样大　（D）无法比较		选择"B"	21	38.89%
			选择"C"	33	61.11%

从前测数据不难看出，大部分学生能感知到"面"在生活中大量存在，具备"面有大小"的感性经验，但是在"比较面的大小"时存在较大障碍，关于"周长"的先前学习经验对本课学习产生负迁移作用。因此，本节课的学习重难点指向学生对"面积"的认识从感性上升到理性，即建构"面积"概念。倘若学生清晰地建立起对面积意义的理解，那负迁移也能够自然消除。基于这样的分析，可以组织"涂一涂：树叶涂色比赛""比一比、刷一刷叶面、课本的封面、硬币的币面的大小""找一找、说一说生活中其他物体表面的大小""比一比哪个图形面积大""画一画面积等于7个方格的

图形"等学习活动，引导学生充分经历活动过程，增强对面的大小的直观感受，在从"动手操作"到"思考感悟"的系列过程中，建构并强化面积概念，积累数学活动经验，进一步发展空间观念。

二、依托核心问题，驱动数学思考纵深推进

"学起于思，思源于疑。"探索知识的思维过程总是从问题开始，又在解决问题中得以延伸和拓展。教师可以充分利用学生认知过程中的矛盾和疑问，设计富有启发性和挑战性的问题，引导学生去辨析和思考，帮助他们更加严谨地推理、更加富有针对性地交流，加深对数学知识与方法的理解和感悟。

以学生建构分数的意义为例。学生在小学分两个阶段学习分数，第一阶段在三年级下册，结合情境和直观操作，经历分数产生的过程，初步理解分数的意义，在这个阶段学生从部分与整体的关系来认识分数；第二阶段在五年级上册，通过创设具体的问题情境，丰富学生对分数的认识，让他们在实际操作中进一步认识分数，有层次地推进对分数意义的理解。教学时，可以在每一个数学活动的交流过程中设置核心问题，引领学生展开数学思考。

比如，"分一分（一）"这节课的第一个活动，出示把一个苹果平均分给两个小朋友的生活情境，让学生尝试解决问题"你能用什么方式表示一半"展示作品（如图1），并提出核心问题"有了这些表示方法（指前三种方法），为什么还要学习 $\frac{1}{2}$ 呢？不仅感受当分不到整数个时，可以用分数表示，而且感知 $\frac{1}{2}$ 既可以表示 $\frac{1}{2}$ 个苹果，又可以表示每人分到的部分都是这个苹果的 $\frac{1}{2}$。在对比中突

显用分数表示事物的优越性，体会学习分数的必要性。第二个活动，学生分别涂出这些图形（如图2）的 $\frac{1}{2}$ 后，提出核心问题"对比涂的过程，有什么相同，有什么不同，你有什么发现"，学生在聚焦相同、探寻不同的过程中深入理解分数的意义。

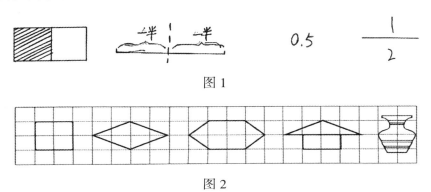

图1

图2

再如，"分数的再认识（一）"这节课的第一个活动，请学生尝试解决问题" $\frac{3}{4}$ 可以表示什么？举例说一说"，展示作品（如图3），并提出核心问题"这些作品各不相同，为什么都可以用 $\frac{3}{4}$ 来表示"，引导学生在"求同辨异"的过程，进一步理解分数的含义，并在此基础上，总结分数的意义。第二个活动，请学生尝试解决问题"一个图形的 $\frac{1}{4}$ 是 ▢▢ ，画出这个图形"，由部分推知整体，从逆向的角度促进对分数意义的理解。展示作品（如图4）后，提出核心问题"这4个图形的形状各不相同，为什么大家认为它们都符合要求呢"，感知"形状虽然不同，但都是由8个 ▢ 组成的"。第三个活动"同桌合作：拿出笔袋里所有铅笔的 $\frac{1}{2}$"，学生主动发现并提出核心问题"拿出的铅笔数为什么不一样多""拿出的铅笔数量不一样，为什么还都是铅笔总数的 $\frac{1}{2}$"，认识到对同一个分数来说，当"整体"变化了，对应的"部分量"也会变化，从相对量的角度理解分数意义中的部分与整体的关系。

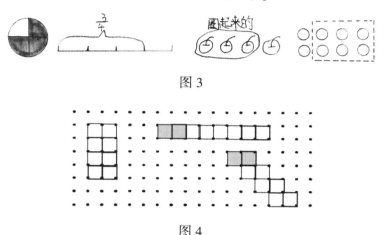

图 3

图 4

如上所述，学生在一系列核心问题的引领下，展开逐层递进的数学思考，不断深化对分数意义的理解，从而实现对概念的意义建构。

三、强化共性联结，让思考与表达和谐共生

《义务教育数学课程标准（2022年版）》强调"对内容进行结构化整合"。教师应加强逻辑分析，正确把握知识之间的内在关联以及梯度，依托知识间的共性，加强联结，以帮助学生拓展思维空间，不断形成更多有价值的观点，实现与教学内容、教学过程的深度契合，让深度思考真正发生，以思助达。

以北师大版三年级下册"队列表演（一）"一课为例。首先，创设"一共有多少人参加队列表演"的问题情境，引导学生列出算

式，把实际问题抽象成数学问题（如图5）。

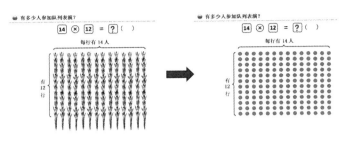

图 5

然后，利用点子图探究算法，引导学生经历"想一想：能用以前学过的知识求出 14×12 的结果吗""圈一圈：在点子图上圈出自己的想法""算一算：写出计算过程""说一说：把你的想法和同伴说一说"这一系列过程，借助直观模型，启发学生多角度探索计算的方法（如图6），把未知转化为已知，从而解决问题。此外，对比解决问题方法之间的相同点和不同点（如图7），借助直观模型，感悟知识本质。

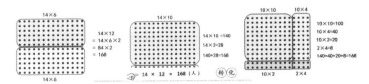

思考：他们的想法有什么相同点和不同点？

图 6

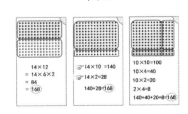

图 7

紧接着，学生尝试读懂列表算法，看懂它与点子图算法有什么联系和区别（如图8、9），经历从两位数乘两位数的直观运算到算法运算的抽象过程，理解算理；最后，通过"算一算"，应用掌握的方法进行计算，巩固所学新知识。

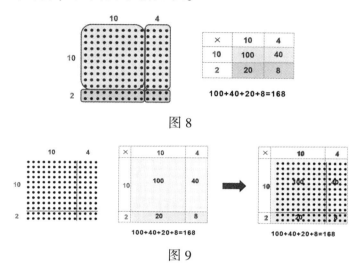

图 8

图 9

经历如上过程，学生利用数的意义、运算的意义和联系等寻求合理的运算方法，将未知转化为已知。他们体会通过数的"拆分"可以将较大数的乘除转化为已知，为感悟数的概念以及数运算的一致性积累了活动经验，奠定良好的认知基础。

以核心问题引领数学思考，以思助达，这是一个不断磨砺的过程。在课前，教师应深入学习和解读课程标准，以整体视角理解和把握教材，摸清学情，精准定位教学目标。在课中，教师应于多向互动中倾听和判断学习需求，捕捉和分析学习动态，思考和调整教学策略。在课后，教师应及时进行教学反思，诊断课堂学习成效，依据学情反馈进行复盘与重构。从而让学生的数学观察、思考与表达在和谐的状态下自然生发，让数学学习散发生长的魅力！

第三节　多元说理，让思维因表达而闪光

在"读""思""达"中，"达"是提升，要激励学生进行充分说理，依托表达过程促进思维深入，促进素养的培育，让思维因表达而闪光。

以达促思，主要体现在表达自身对知识的理解、表达知识的结构层次、表达自己读懂的他人想法、表达对学习过程的感悟，进而力促学生思维提升。

一、借助多元对话，突破知识难点

苏联学者米哈伊尔·巴赫金认为："生活就其本质来说就是对话。"他强调对话既是目的又是方式，没有使对话参与者产生变化的交谈不能称之为对话，对话既要有情绪、情感、思维、思想的投入，还要使参与对话者发生变化。由此想到，教学也应当是一种对话，是学生、教师以及学习材料之间的对话过程。在课堂教学过程中，主要包括师生对话、生生对话、生本对话和学生自我对话。教师应激发"学习共同体"的磁场共振，努力建立起有效对话，让学生能在真实的活动中产生思考，将自己的想法与同伴交流，用心倾听他人的见解，敢于质疑问难，勤于自我反思和追问，从而让思维在对话中碰撞，让思想在对话中激荡，让情感在对话中交融。

以北师大版六年级下册"'运算律'复习"一课为例。学生回顾整理加法交换律、加法结合律等学过的运算律，再次经历通过多种方式验证运算律的过程，加深对运算律的理解。在本课复习中，整理和验证运算律是难点，因此，要让学生在实践的基础上充分交流，展示过程和结果。教学中，教师可以先让学生回顾整理学过的运算律及其字母表达式，随后进行验证。在交流中，呈现学生的各种不同验证方式（如下图），依托"你是怎样想的""你们看懂他的想法了吗""看懂了什么""你还有什么疑问吗"等递进式提问，引领学生展开沟通与探讨，让课堂呈现生动的互动交流样态。最后，学生对运算律进行分类，反思分类的标准，进一步感悟知识本质。如上所述，学生在经历思考、表达、质疑、完善的多向对话过程中逐步加深对运算律的理解。

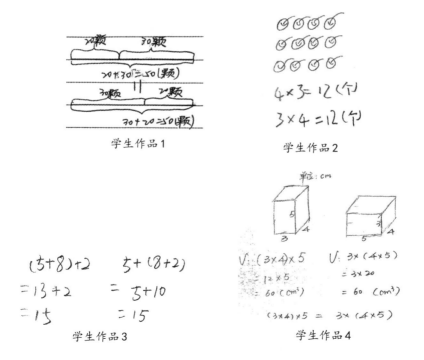

学生作品1

学生作品2

学生作品3

学生作品4

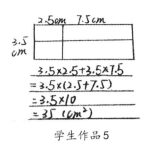

二、借助符号表达，发展学科素养

求简是数学的价值追求，而符号具有简洁美，能简洁明了地表达思考和推理的过程。学生的生活经验对其在数学学习中主动用符号来表征有促进作用，所以，在"用符号表示"的初始阶段，我们可借助知识与经验对应的呈现方式，作为学生认知的切入点，建立起符号与已有经验的对应联系，从而切身感受符号之妙，激发符号表达的兴趣，培养初步的符号意识。以北师大版二年级下册"'重复'的奥妙"教学的"表示规律"环节为例。

【教学片断一·表达规律】

1. 同桌之间互相说一说各自发现的规律。

2. 交流汇报。

生 1：小朋友是按"一个女生、一个男生，一个女生、一个男生，一个女生、一个男生，一个女生、一个男生"的规律排列的。

生 2：灯笼是按"大、小，大、小，大、小，大、小"排列的。

生 3：彩旗的规律是"红、红、蓝，红、红、蓝，红、红、蓝"。

生 4：花盆是先两盆红、两盆黄，再两盆红、两盆黄，后面也一样。

生5：你说的是花的颜色，花盆的规律应该是"绿绿红红，绿绿红红"

师："后面也一样。"这句话说得真好！有同学发现气球的排列规律吗？

生6：一圈黄、一圈红，一圈黄、一圈红。

生7：不对，我觉得是两圈黄、一圈红，再两圈黄、一圈红！

师：（表扬同学们）正是因为你们进行了有序观察，所以很快就能发现事物排列的规律。（板书：有序观察）

……

【教学片断二·表示规律】

以"小朋友"为例，集体进行规律的"表示"。

1. 学生独立思考后，在学习单（一）上尝试"表示"。

2. 展示交流。（指名学生到黑板上板演，说说自己是如何表示的。教师适时引导学生对所采用的表示方法进行提炼，并板书在其方法的后面）

生1：女、男，女、男，女、男，女、男。（文字）

师：看，用"女"这个字对应这个女孩子，用"男"这个字对应这个男孩子，这种方法在数学上称为"一一对应"。一一对应的方法能让我们很清楚地看出她是如何表示规律的。（板书：一一对应）

（师生共同讨论得出合理的书写方式：女、男，女、男……语言表达："一个女生、一个男生，2人为一组重复出现"）

生2：⌒⌒⌒⌒……　　　　（画图）

生3：□△□△……　　　　（图形）

（沉默片刻）

师：如果我用"√"表示女生，你还能想到哪些表示规律的方法？

生4：√ × √ × ……　　　（符号）

生5：A B A B ……　　　　（字母）

生6：1 2 1 2 ……　　　　（数字）

师：嗯，同学们想出这么多不同的方法来表示小朋友的排列规律，看来，同一种事物的规律可以有不同的表示方法。

3. 说说你更喜欢哪一种表示方法，为什么？（适时板书：用符号表示→简洁）

首先，尝试用个性化的语言描述自己的发现，结合原有的生活经验，初步感知"重复"现象的存在。接着，用自己喜欢的方式表示所发现的规律，学生充分激活既往在点数物体个数、找出某一个数在数线上的具体位置等数学活动中积累的"一一对应"经验，呈现出多样化的表示方法。在"表示"的过程中，他们更直接地体验到"每一组都一样"，深入感知隐藏在事物背后的规律本质。最后，说说你更喜欢哪一种表示方法，引导学生在交流和互动中体会图形、符号、字母和数字等"符号语言"的简洁性。

三、借助质疑释惑，感悟数学思想

以北师大版二年级下册"'重复'的奥妙"教学的"趣味辩论"环节为例。符号化思想是学习者在感知、认识和运用数学符号时的主动反应，是一种积极现象。第一学段的小学生以具体形象思维为主，在教学中，教师要有意识地引导他们经历"具体事物→个性化的符号表示→学会数学的表示"这一过程，进而达成直观认识符号、理解符号的学段目标，这适宜寓于富有童趣的游戏情境中悄然启蒙。

【教学片断三】

1. 学生从主题图中任选一组有规律的事物用自己喜欢的方式表示出来。

2. 展示学生资源，猜一猜：他表示的是什么事物的排列规律？

（1）
A　A　B　A　A　B　……

生1：我猜他表示的是彩旗的排列规律。

生2：我觉得是气球。

师：咦，他们俩谁说的有道理？快和小组里的同学说说你的想法。

生3：我们小组认为，他们说的都对。（大多数小组的同学表示赞同）

生4：我觉得只能表示彩旗的排列规律。

生5（附和）：我也觉得只能表示彩旗的排列规律。A表示红色的旗，B表示蓝色的旗。

生6：我认为只能表示气球的排列规律。A表示黄气球，B表示红气球。（众人纷纷反驳道：这种方法可以表示彩旗的规律）

生7：两种都可以表示，因为它们的规律是一样的，都是先2个一样的，再1个不一样的。也就是说，虽然东西（事物）变了，但是规律没有变，所以表示的方法是一样的。

师：也像他这样认为的同学请举手。（教师把气球柱的磁贴水平放置，与整排的彩旗磁贴对齐，引导学生观察、验证：这两种事物的排列规律是相同的）

师：呀，事物不同，但排列规律相同。（对生4说）现在，你同意他们的说法了吗？

生4：（摸了摸头，有些不好意思地）同意，好神奇啊！

(2) | √　√　×　×　√　√　×　×　…… |

生1：他表示的是花的排列规律，"√"表示红花，"×"表示黄花。

生2：还可以表示花盆（的规律），"√"表示绿花盆，"×"表示红花盆。

师：是啊，用同一组符号可以表示不同事物所具有的相同规律。

(3) | △　○　△　○　…… |

生1：既可以表示小朋友的排列规律，也可以表示灯笼的排列规律。（全体表示同意）

师：嗯，都同意。（将整排的灯笼磁贴移至小朋友磁贴的上方与之对齐）刚才，我们用"女、男，女、男……"来表示小朋友的排列规律，那用它来表示灯笼的排列规律合适吗？

生2：不合适，不合适，难道用"女"表示大灯笼，用"男"表示小灯笼吗？这样太奇怪了！（学生们笑作一团）

生3：用符号表示比较合适。

借助"猜一猜"的趣味形式，引发争议，进一步激发学生的学习积极性，发现彩旗与气球、花盆与花、小朋友与灯笼的排列规律相同，感受同一组符号可以表示不同事物所具有的相同规律。继而，借助"'女、男，女、男……'这一表示方法能否同时表示小朋友和灯笼的排列规律"这一问题引发诙谐而强烈的认知冲击。以上过程，顺次而进，学生在轻松、自然的氛围中，更加深切地感悟符号化的指向性之趣与概括性之妙，符号化思想悄悄萌芽！

第三章　富有生长力的
数学课堂的策略探索

动静相宜，书写自然生长的环境

　　《义务教育数学课程标准（2022年版）》在"课程理念"中指出：学生的学习应是一个主动的过程，认真听讲、独立思考、动手实践、自主探索、合作交流等是学生学习数学的重要方式。虽只有短短几行字，却值得我们久久地思考、细细地品味，怎样让学习成为一个"主动"的过程？顺应天性，"自然"生长！而学生自然生长的背后是教师有效教学方式的支撑。如何准确定位单元及课时教学目标？需要我们学习课标中相关的核心素养目标以及内容要求、学业要求、教学提示等，进而提炼核心概念，并细化为学生的学习目标。如何基于学习目标精准切入课堂？需要我们创设具有指向性的真实情境，激发学生的学习兴趣，引导他们发现问题和提出问题。如何引领数学思考自然生发？需要我们紧扣知识本质设计核心问题，引导学生积极思考，利用观察、猜测、实验、计算、推理、验证、数据分析、直观想象等方法分析问题和解决问题。如何鼓励学生质疑问难？需要我们以学习单为载体借助同伴共学推进学生的深度交流。如何让不同学习水平的学生获得不同的发展？还需要我们设计不同层次的递进式练习，为他们搭设适宜的锻炼与展示平台。

顺应学生天性，书写自然生长的环境。一方面，要"慢"下来，最大限度地"静待花开"。多为学生留出一些独立思考的时间和空间，多为学生提供一些获取体验的经历和机会，多为学生创造一些感悟方法的情境和场景。另一方面，要"动"起来，灵活巧妙地"修枝剪叶"，让学生主动分析、灵动思考、生动感悟。以上所述"静"与"动"的和谐统一、张弛有度，将成就学生作为发现知识、主动建构的生命个体，也将让师生双方在教育教学活动中敞开心扉，打开彼此的生活经验，进入彼此的精神世界，实现相融、共长。

第一节　基于起点，引领数学思考循学情而生发

促进学生生长的小学数学课堂教学，应善于根据学生的生活和已有知识经验确定经验体系，在他们已有的经验中寻找生长点，围绕其经验和生活提供新的经验，让学生在相互联系着的新旧经验中主动探索、大胆创生，从而实现经验的重组和扩充，最终达成主动的意义建构。

一、依托学生的生活经验，找寻生长的起点

生活是数学的"源泉"，学生的生活经验是小学数学教学的一笔宝贵财富，若能合理挖掘和捕捉，可为学生的数学学习提供良好的感性支撑。教师要善于将知识内容还原为儿童日常生活中的数学问题，引导学生在生活经验基础上生长新知。

以苏教版三年级上册"平移和旋转"为例，对于该学习内容，学生没有任何相关的学习经验。课程伊始，我直接揭示并板书课题，让孩子们来说一说："你感觉，可能什么是'平移'，什么是'旋转'？"我发现，使用苏教版教材的学生和使用北师大版教材的学生，他们的回答是高度一致的，大多数的孩子觉得"平移就是这样（手势）平平地移动"，而"旋转就是转圈儿"。这是他们的生活经验，也是本节课真正的学习起点。基于此，我利用课件动画展

现了儿童所喜闻乐见的游乐园场景。先带着学生虚拟体验一番。"如果用橡皮当火车，直尺当铁轨，你能不能模仿小火车的运动？""不借助工具，你也能想办法表示出摩天轮的运动方式吗？""接下来，欢迎乘坐升降梯观赏风景！大家可以站起来，想象着，我们就站在这升降梯里，'咻'地往上升，'咻'地向下降……""搭上转转椅，咱们转呀转，转呀转……""登上滑梯，做好准备，'咻'……滑下来""乘着秋千，自由自在地荡出去，荡回来……"借着这些动作，唤醒他们对图中各个游乐项目运动方式的感受。随后，在黑板上呈现这些图片，让学生对游乐项目进行分类。如果认为它的运动方式是平移的，就把图片放到"平移"二字的下面；如果认为它的运动方式是旋转，就把图片放到"旋转"二字的下面；如果认为它的运动方式既不是平移也不是旋转的，就先把它放到一边。接着，我就请了六位同学上来移动图片，让大家都仔细看清楚他们把什么游乐项目放哪儿了，有不同意见的再上来移一移。结果学生在升降梯、滑滑梯和荡秋千这三个游乐项目的运动方式上引发争议。第一个学生把滑滑梯放在"平移"二字的下面，第二个学生上来把它移到外边儿去了，又有第三个学生上来再把它移回来。有一个小男生则直接拿着荡秋千的图片先是放在了外边，想想，又移到"旋转"二字下面，再想想，又把它移出去，但还是很纠结的样子，干脆站在中间望望这边又望望那边。此时，在台下听课的老师们自发地鼓掌了。随后，我通过请出有争议的学生以双边互动的方式来辨析、解决课堂生成的问题，他们很快就关于升降梯和滑滑梯的运动方式达成共识，并自发总结出："不管物体向着哪个方向运动，只要是直直地运动（也就是'沿着直线运动'），那它的运动方式就可以看作平移。"但是，即使互动辨析加上了小组讨论，对于荡秋千的运动方式同学们依然争执不下、互不相让。此时，我并不急于下结论，而是不紧不慢地邀请孩子们一起来玩转盘游戏。我拿出一个转盘，上面有一根指针和四个点，点 A 在 12 点钟方向，点 B 在 3 点钟方向，点 C 在 6 点钟方向，点 D 在 9 点钟方向。"看，现在指针指向 A，你能把它转动到指向 B 吗？"（请一位同学上来转）"那你能再把指针转到指向 C 吗？"（又请一位同学上来转）"你还能把指针转到指向 D 吗？"几乎所有同学都想上来。"嗯，老师看出来了，同学们都特别想玩这个游戏。这样吧，咱们以四个人为一组，都来玩一玩。"于是，学生分小组活动，老师巡视，与学生交流，捕捉各种不同的转法，等到玩得差不多了，提出问题：王老师发现，同学们有的是这样转的（老师比画顺时针方向），有的是这样转的（老师比画逆时针方向），有的只转一丁点儿，有的转得大一些，有的转的幅度非常大，指针都旋转了吗？又马上追问：明明转得各不相同，怎么都是旋转呢？它们有什么相同的地方？这引发了学生对"转盘中心点是固定的""指针都在转动"这两个层面的关注，从而发现指针都是绕着一个固定的点在转动。老师把转盘与荡秋千的图片上下对齐贴在黑板上，拨动转盘上的指针，"看，如果指针这样旋转，荡出去，荡回来，像不像在荡秋千？"有学生惊喜地说："真的很像耶！""现在，你们还认为秋千荡起来的时候不是在做旋转运动吗？"全班没有任何一位同学有异议，因为他们结合转动转盘的生活经验获取了充分的体验。一部分学有余力的孩子能总结出："不管物体向哪个方向转，也不管转动的幅度有多大，只要是绕着一个固定的点在转动，它的运动方式就可以看作旋转"。

二、基于数学学习现实，找寻生长的起点

纵观教材，我们不难发现，很多知识是以"点状"形式存在的，那是否意味着我们的数学教学就是学科知识一次又一次的不断累加呢？答案显然是否定的。我们必须凭借对学生数学知识积累程度的敏锐捕捉、辨析和准确把握，引领他们从"最近发展区"出发，向"最优发展区"迈进。

以北师大版三年级下册"什么是面积"为例，学生在已经学会计算长方形和正方形周长的基础上建构面积概念，为以后学习其他平面图形的面积计算打下基础。教学前设计两道测试题，在 54 名学生中进行教学前测，第一题（如图 1）的正确率约为 81.48%，第二题（如图 2）的正确率仅为 38.89%。不难看出，关于什么是面积，学生已在生活中耳濡目染了"面积""大小"等词汇，借助生活经验中形成了一定的观念，但是周长学习的先前经验将会对本节内容的学习产生负迁移影响。从一维的长度到二维的面积，是空间认识上的一次飞跃，对学生而言存在较大困难，教学应思考如何充分利用学生已有的认知经验，循线而进。

图中，哪些图形可以看出它面的大小，哪些图形的面没有大小？在你认为有大小的图形的序号上打"√"。

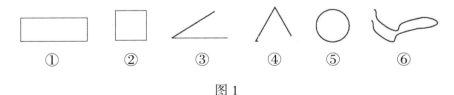

①　　②　　③　　④　　⑤　　⑥

图 1

小明在方格纸上分别画了甲、乙两个图形，比较它们面的大小，那么（　　）。

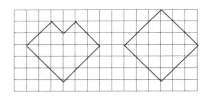

A. 甲比乙大　　　B. 乙比甲大　　　C. 一样大　　　D. 无法比较

图 2

三年级学生的思维特点主要以具体的、生动的形象思维为主，通过操作和对比更有利于学生对本节课内容的理解。首先，以游戏导入，唤醒对"面"的感知。两次开展树叶涂色比赛活动。第一次比赛给自己的树叶涂上漂亮的红颜色，树叶都差不多大小，大部分同学都顺利涂完。第二次比赛给自己的树叶涂上漂亮的绿颜色，树叶大小有很大差别，少数同学很快涂完了，而大多数同学还在"埋头苦干"。当学生提出绿叶的面积太大时，请所有同学都摸一摸叶子的面，说一说"生活中，什么物体的面大，什么物体的面小"，并摸一摸绿叶、数学书封面、课桌面等。随后，出示教材中的正方形和长方形，学生自行寻找和选择工具比一比哪个图形面积大。在交流时，呈现学生的比较方法，并请他们介绍割补法、重叠法、摆方块等方法。除此之外，展示学生通过测量图形的周长比较面积大小的错误资源，请大家仔细观察并提出自己的疑问，从而引发不同观点的争锋，直击认知的痛处，学生在对比辨析中逐渐理清周长与面积的不同含义，从而顺利建构面积概念。同时，在探究和交流比较两个图形面积大小的方法的过程中，体会解决问题策略的多样化。紧接着，学生在方格中画 3 个不同的图形，使它们的面积都等于 7 个方格的面积，并和同桌说说自己的发现，体会"面积相等的图形，可以有不同的形状"，深化对面积的认识。最后，玩"男、女生比一比谁的长方形面积大"的小游戏。先由女生闭眼，出示图 3，男生数一数这个图形的面积等于几个小方格的面积。再由男生闭眼，出示图 4，女生数一数这个图形的面积等于几个小方格的面积。那么，到底是男生看到的长方形面积大还是女生看到的长方形面积大呢？所有同学在冲突中思考着，为下节课学习面积单位埋下伏笔。如前所述，学生通过涂一涂、摸一摸、刷一刷、找一找、比一比、画一画等活动，直观感受"面"在生活中无处不在、大小不一，经历从"动手操作"到"思考感悟"的一系列过程，建构并强化面积概念，正确区分面积与周长的不同含义，在独立思考、勇于探索的同时积累有益的数学活动经验，进一步发展空间观念。

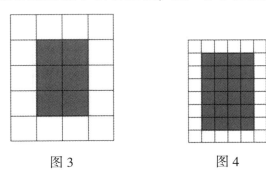

图 3　　　　　　　图 4

三、基于其他学科现实，找寻生长的起点

数学的许多内容与其他学科知识有着密切的联系，随着学生学习的深入，其他学科的认知也就成为学生的"现实"，在教学中，我们应给予关注、运用、整合，为生长新知服务。

以北师大版二年级下册"1分有多长"为例，课程伊始，我创设了一个熊大和光头强进行50米赛跑的童话情境，让孩子们在观察动画后，说一说"它俩各用了多长时间跑到终点"。从面面相觑到议论纷纷，学生意识到用学过的时针、分针无法记录和表示出赛跑时间，并提出了"得添一根秒针"的想法，那"添上秒针，咱们让熊大和光头强再来赛一次，看看这回能不能表示清楚它们各用了多长时间到达终点的"。当然，秒针通过转动成功地记录下了比赛所用的时间。经历对比，学生深刻地体会到"秒"产生的必要性。而后，我巧妙利用学生在音乐课上已然形成的"打节奏"的经验，从"1秒有多长"——"5秒有多长"——"10秒有多长"——"课件无声，学生试着打拍子感受10秒有多长"——"1分有多长"——"你能估一估1分有多长吗"。秒针指着12，课件无声，学生趴在桌面上数秒。"什么时候觉得1分的时间到了，就抬头看钟面。如果此时秒针还没走完一圈回到12，说明你数得太快了，得调慢点儿；如果此时秒针已经走完一圈开始走第二圈了，那说明你数得太慢了，得调快点儿。调整好你的感觉，咱们再来试一次。"结果有不少同学很准确地在秒针抵达12的瞬间抬头，他们开心地笑了。最后，我还让他们分别通过数秒的方式估一估动画片断播放的时长和红灯持续的时间，既进一步形成对"秒"的感觉，也感受时长的相对性。整节课，通过引导学生看秒针走动的轨迹，听、记、学秒针走动的节奏和用个性化的动作打节奏等多种形式的数学活动，帮助学生在头脑中建立深刻而清晰的"秒"的印象。

第二节　抓准困惑，
直面并击破学生的认知痛点
——以"百分数的认识"一课为例

师者，所以传道授业解惑也。在学习过程中，困惑之处就是学生面临的最大挑战。此时，教师要真正担负起引导者与合作者的责任，指导学生在数学活动中释惑以助"明道"。但是，我们经常看到教师因对教材解读不准确、对学情分析不到位，导致教学素材选择失当、教学设计逻辑无序，演变成课堂上教师"所教"非"所惑"，学生上完课之后，"会的"还是会，"不会"的依然不会。那么，课堂该如何抓准学生的学习困惑，帮助学生直面并击破认知痛点，从而提升教学效果呢？下面，以北师大版六年级上册"百分数的认识"一课为例，谈谈我的思考与实践。

一、摸清学情，"抓"出学习困惑

学生在学过整数、小数、分数的意义和应用的基础上学习百分数，为后续进一步学习数据处理以及百分数的应用奠定基础。其中，百分数与分数有着尤其密切的联系，学生已基本会读、会写百分数。学生在日常生活中大量接触了百分数，比如出勤率、成活率以及食品中成分、含量等生活实例，对这些百分数表示的实际意义有了个性化的初步认识，但是对百分数的意义及其应用价值的认识还处于模糊阶段。此外，学生在既往理解整数、小数、分数意义的过程中，积累了理解和表征概念的活动经验，具备迁移价值。基于本节课的知识起点和经验起点，设计教学前测单，进一步了解学情如下。

前测题目	学生回答示例	学情概要
你在生活中见过百分数吗？请列举两个例子。	水占人们身体的10% 地球中70%都是水 ①零件加糖胶，但只有97颗成胶，那些过关的有没率就是97%。 ②用100kg的花生，可以榨出42kg的油，那些这些花生的出油率就是42%。	70.59%的学生能够列举出生活中的百分数实例。
80%表示什么意思？你能用哪些方法表示出来？	皂量： 80%	76.47%的学生能够用自己喜欢的方式（比如文字描述、画图等）正确表示出 80% 的意思。
你见过超过 100%的百分数吗？举例说一说它可能表示的意思。	答：没有见过。可能表示比单位1还大的数值。 答：没有，它有可能表示超过或多了的意思	7.8%的学生表示自己曾见过超过 100%的分数，并能举例说明它可能表示的意思。
关于百分数，你还想了解些什么？	答：想了解什么是分数的数和什么叫百分数有什么不同 百分数在我们的生活中有哪些作用？ 2.既然有了分数，为什么还需要百分数，两者有什么区别呢？	大部分学生对于百分数与分数的区别和联系存在困惑。

教学前测结果显示，六年级学生对于百分数意义的理解大致存在两处困惑。其一，百分数可以表示部分量与总量的关系，也可以

表示一个量与另一个量的关系,学生能较好地理解前者,而对于后者的体会不深;其二,分数既可以表达具体的量,又可以表达量与量之间的关系,而百分数只能表示量与量之间的关系,学生较难以感悟这一本质。

二、选择素材,"理"清教学流程

本课的教学目标是结合解决实际问题的过程,体会引入百分数的必要性,理解百分数的意义,会正确读写百分数。在具体情境中,解释百分数的意义,体会百分数与日常生活的密切联系。教科书安排了 4 个问题,引导学生理解百分数的意义。第一个问题通过罚点球体会引入百分数的必要性;第二个问题是认识百分数,初步体会百分数的意义;第三个问题是通过生活中的例子,加深对百分数意义的理解;第四个问题是通过举例,拓展对百分数意义的理解。根据对教材及学情的理解与分析,确定基本教学思路。

1. 创设情境,助达促思。借助实际生活情境为理解百分数的意义提供鲜活的感性支撑,让学生在互动交流中感悟在进球数量和罚点球数量都不同的情况下,需要统一比较的标准,感受百分数便于比较的特点,体会引入百分数的必要性。

2. 对比沟通,把握本质。通过交流生活中广泛的百分数实例,用个性化的语言表达百分数所表示的意思,对比发现它们之间的共性,感悟百分数的本质为"表示一个数是另一个数的百分之几",进而归纳概括百分数的意义。

3. 深度辨析,活化认知。以学生易感的学生人数为素材,选择适宜的分数或百分数来描述数量及量与量的关系,在思辨中进一步明理,既深化对百分数意义的理解,又体会百分数与分数的联系和区别, 有效完善知识体系。

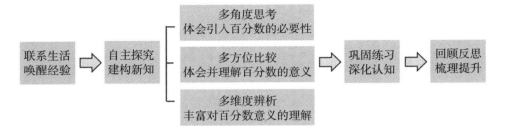

三、引领互动, "导" 向意义建构

(一) 多角度思考, 体会引入百分数的必要性

创设 "罚点球" 的生活情境, 以问题引领思考, 唤醒学生已有的 "判断谁的罚点球水平高" 的经验, 在讨论中引发不同观点的碰撞交流, 搭建思维攀升的 "脚手架"。

【教学片断一】

出示教材主题情境: 在一场足球比赛中, 猛虎队获得了一次罚点球的机会, 他们准备派三名队员中的一名去罚点球。下面是这三名队员近期罚点球情况统计。思考: 该选派哪名队员? 为什么?

队员	罚球数/个	进球数/个
淘气	20	18
奇思	10	8
不马虎	25	21

1. 记录: 在学习单上写出自己的思考过程和困惑。

2. 表达: 和同桌说说你是怎样想的。

3. 交流: 展示学生作品, 充分交流想法。

我的困惑: 罚球数量不一样

学生作品1

我认为该选派（淘气）去罚点球。

我是这样想的：

淘气的进球数是罚球数的 $\frac{9}{10}$，奇思的是 $\frac{8}{10}$，不马虎的是 $\frac{21}{25}$。

$\frac{9}{10} > \frac{8}{10}$

$\frac{9}{10} = \frac{45}{50}$

$\frac{21}{25} = \frac{42}{50}$ $\quad \frac{45}{50} > \frac{42}{50}$ 所以 $\frac{9}{10} > \frac{21}{25} > \frac{8}{10}$

学生作品2

我认为该选派（淘气）去罚点球。

我是这样想的：

可以转化成小数，再找到三个数的最小公倍数

淘气：$\frac{9}{10}$ → $\frac{90}{100}$ $\quad \frac{90}{100} > \frac{84}{100} > \frac{80}{100}$

奇思：$\frac{8}{10}$ → $\frac{80}{100}$ $\quad$ 淘气、不马虎

不马虎：$\frac{21}{25}$ → $\frac{84}{100}$

学生作品3

我认为该选派（淘气）去罚点球。

我是这样想的：

淘气：$\frac{18}{20} = \frac{90}{100} = 90\%$

奇思：$\frac{8}{10} = \frac{80}{100} = 80\%$

不马虎：$\frac{21}{25} = \frac{84}{100} = 84\%$

$90\% > 84\% > 80\%$

学生作品4

师：（出示学生作品1）有同学提出自己的学习困惑，罚球数量不一样，进球数量也不一样，该怎么比较谁的罚点球水平高呢？一起来听听大家的想法。

生1：（出示学生作品2）我先求出淘气、奇思和不马虎的进球

数各占罚球数的几分之几，再比较这三个分数的大小。在比较奇思和不马虎的罚球水平时，我把$\dfrac{9}{10}$和$\dfrac{21}{25}$进行了通分。

师：（出示学生作品3）谁看懂了这位同学的想法？

生2：这位同学也是先求出淘气、奇思和不马虎的进球数各占罚球数的百分之几，再把它们都通分成分母是100的分数，这样就能很容易比较出它们的大小了。

师：（出示学生作品4）读了这位同学的作品，你们有什么疑问吗？

生3：为什么还要把$\dfrac{90}{100}$、$\dfrac{80}{100}$、$\dfrac{84}{100}$写成90%、80%、84%呢？

生4：这样更写简洁，我们只需要看百分号前面的数就能比较大小了。

生5：这三个百分数分别表示淘气、奇思和不马虎的命中率，选派命中率最高的同学去罚点球。

学生置身于现实情境中，基于原有认知经验，选派合适的罚点球代表需要综合考虑罚球数和进球数，比一比各自的进球数分别占罚球数的几分之几，但是，这三个分数的分子与分母各不相同，该如何比较大小呢？这就是他们心中此时真实产生的困惑。随着以学习单为载体的课堂生成资源先后呈现，思维在碰撞中逐次递进，学生不仅体验百分数产生的过程，体会引入百分数的必要性，且初步感受到百分数在生活中所具备的统计意义。

（二）多方位比较，体会并理解百分数的意义

架构沟通生活经验与数学学习的桥梁，借助收集、分享、交流生活中广泛的百分数应用实例，从不同的角度解释百分数的意义，丰富学生的理解，在对比沟通中逐步发现和建构百分数的概念。

【教学片断二】

1. 交流：学生与同桌交流课前收集的百分数。

（教师选择学生资源，板书：

某件大衣中羊毛含量 65%

六年 1 班植树成活率 92%

小明家 7 月份用电量是 6 月份的 125%）

2. 阅读：这些百分数分别表示什么意思。

生 1：某件大衣中羊毛含量 65% 表示羊毛的质量是这件大衣总质量的 65%。

生 2：植树成活率 92% 表示假如六年 1 班种 100 棵树，活了 92 棵。

生 3：就是成活的棵数是植树总棵数的 92%。

生 4：125% 表示的意思是"如果 6 月份用电 100 份，那么 7 月份用电量是 125 份"。

生 5：从这个百分数可以看出 7 月份用电量比 6 月份多。

生 6：7 月份用电量比 6 月份多 25%。

师：像这样和同桌说一说你收集的每一个百分数表示的意思。

3. 对比：这些百分数表示的意思有什么相同的地方？

生 7：它们都表示 100 份当中的几份。

生 8：不一定是 100 份当中的几份，有时会超过 100 份。

生 9：这些百分数都表示如果把单位"1"平均分成 100 份，另一个数有这样的几份。

4. 归纳：尝试概括百分数的意义。

生 10：我同意他的想法，也就是它们都表示一个数是另一个数的百分之几。

生 11：我还知道百分数也叫百分比、百分率。

同桌之间交流课前收集的百分数实例，在亲切的自然环境下唤醒学生的生活经验，以利于借助他们的感性认识来支撑对百分数意义的理解。选取 3 个典型的百分数实例进行观察和交流，结合实际情境尝试表述每一个百分数表示的意思，这是学生用原生态的语言表达自己对百分数的真正理解，是他们建构百分数意义的关键活动。部分学生对于 125% 表示的意思存在困惑，此难点借助充分的同伴交流得以突破。此后，教师让学生再一次和同桌说一说自己收集的百分数表示什么意思，给予每一个孩子运用交流后的收获和感悟进一步表达的机会，丰富他们对百分数意义的理解。寻找这些百分数所表示意思的共同之处，则是引导学生以联系的眼光对事物进行观察和分析，异中求同，发现事物的本质属性，进而归纳概括百分数的意义。

（三）多维度辨析，丰富对百分数意义的理解

为什么学习了分数还要再学习百分数？百分数和分数有什么联系与区别？这是学生的学习困惑，也是学生的认知痛点，需要适宜的载体和足够的空间让他们进行充分的辨析，以打破原有经验，将新知纳入已有认知结构，促进对百分数意义的完整建构。

【教学片断三】

辨析：学生进行思考、选择、说理。

$\dfrac{2}{5}$ $\dfrac{6}{5}$ 60%   120%

（1）某班级男生人数占全班的（   ）。

（2）某校今年一年级学生人数是去年的（   ）。

（3）一年级学生平均身高大约是（　　　　）米。

生1：某班级男生人数占全班的60%，女生人数占全班的40%，男生比女生多一些。

生2：也有可能某班级男生人数占全班的$\frac{2}{5}$。

生3：我同意他们的想法，可以选择60%，也可以选择$\frac{2}{5}$，但是不可以选120%或$\frac{6}{5}$，那样的话就是男生人数比全班人数还多。

生4：某校今年一年级学生人数是去年的$\frac{6}{5}$。

生5：某校今年一年级学生人数是去年的120%。

生6：也可能今年是去年的60%或者$\frac{2}{5}$。

生7：虽然选择四个选项中的哪个都可以，但是，我认为选120%或$\frac{6}{5}$更合理，因为2016年是国家放开二胎政策的第一年，所以今年的一年级学生人数会比去年更多。

生8：一年级学生平均身高大约是120%米，我入学的时候身高就是1.2米。

生9：$\frac{6}{5}$米也是1.2米，也可以。$\frac{2}{5}$米和60%米就不行，因为它们还不到1米，太矮了。

生10：我不同意选120%米，应该选$\frac{6}{5}$米。因为百分数表示两个数之间的关系，120%不能表示具体有多高。

师：你们同意吗？在四人小组里交流一下想法。

生11：我们小组赞同他的说法，百分数表示两个数之间的倍数关系，而分数除了表示关系还可以表示具体数量。

将百分数与分数"放"在一起进行应用。第一个问题指向理解分数、百分数都可以用来表示部分与整体之间的关系，部分小于整体，此时的百分数小于1。第二个问题指向理解分数、百分数都可以用来表示两个数之间的关系，有可能大于1。第三个问题指向理解不管是什么样的百分数，只表示两个数之间的关系，不能表示具体数量。这样的辨析活动设计直面学生的学习困惑，且在痛点处留足思考、讨论的时间，互动过程真实而灵动，数学学习真正发生。

作为教师，我们要着眼于学生的长远发展，读懂教材，读懂学情。着眼于学生的学习需求，营造宽松、愉悦的学习氛围；紧扣学生的学习困惑，设计指向明确、益于思考的数学活动；把握课堂的生成资源，引领动态进阶、突破难点的深度思考。

第三节　引发冲突，
生长与提升学生的数学思维
——以"倍的认识"一课为例

　　心理学家皮亚杰认为："个体的认知发展是在认知不平衡时通过同化或顺应两种方式来达到认知平衡的，认知不平衡有助于学生建构自己的知识体系"。在数学教学中，教师应适时制造"冲突"，打破平衡，在此过程中，生长与提升学生的数学思维。以北师大版二年级下册"倍的认识"一课为例，如何在关键处将"冲突"放大以促进思维拔节生长？如何引导学生在感受信息和分析、解决问题的过程中适时对思考结果进行反思与再认识，以求对知识的整体把握与理解呢？

一、基于已有经验，初步建立认知

　　引发认知冲突的前提是初步认知的建立，往往需要凭借学生已有的生活和知识经验。这有赖于教师对学生学习情况的全面了解和对教材知识体系的整体把握，抓住知识特点，针对学生在此容易产生的认知偏差，顺应其思维特征先达成共识，即挖好一个认知之"坑"，既初步建立认知，也为冲突的产生做好铺垫。

【教学片断一·标准不变，总数变了，倍数就变】

（继通过摆一摆、圈一圈知道"红花的朵数是蓝花的 3 倍"之

后）

（课件出示）

蓝花：

红花：

生1：蓝花有2朵，红花有3个2朵，我们就可以说红花的朵数是蓝花的3倍。

师：谁还能像这样看着图说一说你的想法？

生2：把2朵蓝花分为一组，红花的朵数是蓝花的3倍，就可以分为3组，每组2朵。

生3：同意，也就是说红花有3个2朵，它就是蓝花的3倍。

（课件出示）

蓝花：

红花：

师：太棒了！梦之队继续收获红花，这下红花的朵数是蓝花的几倍呢？

生4：蓝花有2朵，红花有4个2朵，红花的朵数是蓝花的4倍。

（课件出示）

蓝花：

红花：

师：如果梦之队继续收获红花呢？

生4：蓝花有2朵，红花有5个2朵，红花的朵数是蓝花的5倍。

师：都是 2 朵蓝花，为什么红花的朵数有时是它的 3 倍，有时是它的 4 倍，有时是它的 5 倍呢？

生 5：因为一直在增加 2。

生 6：红花的朵数每次都不同。

生 7：红花的朵数每次都增加一倍。

生 8：红花的朵数每次都增加 1 个 2。

（课件出示）

蓝花：

红花：

20 个 2 朵

师：那如果红花有 20 个 2 朵呢？

生齐答：红花的朵数是蓝花的 20 倍。

（课件出示）

蓝花：

红花：

50 个 2 朵

师：如果有 50 个 2 朵呢？

生 9：是 50 倍。

生 10：一个 2 朵就是 1 倍，50 个 2 朵就是 50 倍。

生 11：红花的朵数是蓝花的几倍，我们要先看清楚 2 朵蓝花为一份的话，红花有几个 2 朵，那红花的朵数就是它的几倍。

概念是思维的细胞，只有掌握了概念的本质属性，才能谈得上提高分析问题和解决问题的能力。那么，对初识"倍"的二年级孩子们而言，凭借已有的何种知识经验来帮助实现对这一抽象概念的意义建构呢？应该是乘法的意义，因为学生对除法意义的理解是建立在乘法意义基础之上的，而对"倍"的理解其实是对除法意义的拓展。试分析以上互动过程，在保持蓝花为2朵不变的前提下，不断变换红花的朵数，以形促思，形成表象，成功建立起"倍"与"几个几"之间的关联。而后通过"都是2朵蓝花，为什么红花的朵数有时是它的3倍，有时是它的4倍，有时是5倍呢"这一问题，引领学生在对比中反思之前的思维结果，迈出向理性认识跨越的第一步，继而抛出"如果红花的朵数有20个2朵呢""50个2朵呢"等一系列追问，至此，"把2朵蓝花看作一份，红花有几个2朵，那红花的朵数就是它的几倍"的认知初步建立。

二、问题引领反思，凸显认知冲突

冲突，意思是碰撞、冲撞。显然，这需要有一股强大的力量，制造认知冲突，需要设计一个引领学生进行内部反思的核心问题。这个问题明确指出认知难点，直击冲突点，从而驱动学生的思维"燃烧"，为学生从"啊，怎么是这样"走向"哦，原来是这样"埋下伏笔。

【教学片断二·总数相同，标准不同，倍数也不一样了】

（课件出示）

蓝花：✿✿✿✿

红花：✿✿✿✿✿✿✿✿

师：淘气说，我们向阳队的红花是3个2朵，那红花朵数就是蓝花的3倍。你同意他的说法吗？

生1：我不同意，是2倍。

生2：红花和蓝花相同的数就是1倍，是1份，红花比蓝花多3

朵，所以是 2 倍。

生 3：3 朵蓝花是一组，3 朵红花也是一组，6 个里面有 2 个 3。

（引导学生摆一摆）

师：向阳队的红花有 2 个 3 朵，所以，她的红花朵数是蓝花的 2 倍。

（课件出示）

蓝花：❀

红花：❀❀❀❀❀❀

师：雏鹰队的红花朵数是蓝花的几倍？你是怎么想的？

生 4：因为蓝花是 1 朵，表示 1 组，所以红花的朵数是蓝花的 6 倍。

生 5：红花有 6 朵，所以红花的朵数是蓝花的 6 倍。

生 6：蓝花有 1 朵，红花有 6 朵，6 里面有 6 个 1，所以红花的朵数是蓝花的 6 倍。

师：说得非常好！6 里面有 6 个 1 朵，那我们就可以说红花的朵数是蓝花的 6 倍。

师：红花朵数都是 6 朵，为什么梦之队的红花朵数是蓝花的 3 倍，向阳队的红花朵数是蓝花的 2 倍，雏鹰队的则是 6 倍，怎么不一样呢？

生 7：因为蓝花一份的朵数必须和红花一份的朵数相同。

生 8：因为蓝花的朵数不一样，那一份数就不一样了。

师：标准不同，倍数也不一样了。是啊，咱们得看清几朵为一份。

回望学生的思维历程，在经历多向互动获得"把 2 朵蓝花看作 1 份，红花有几个 2 朵，那红花的朵数就是它的几倍"这一认识时，认知结构平衡了。正当他们享受这种平衡时，老师举重若轻地设问："淘气说，我们向阳队的红花是 3 个 2 朵，那我的红花朵数就是蓝花的 3 倍，你同意他的说法吗"，成功制造了认知冲突。学生刚刚积累的知识经验与新问题之间存在暂时性的矛盾，这种差距打破了原有的认知平衡，引起最强烈的思考动机和最佳的思维定向。紧接着，借助"梦之队有 6 朵红花、2 朵蓝花，向阳队有 6 朵红花、3 朵蓝花，雏鹰队有 6 朵红花、1 朵蓝花"这样一组素材的连续呈现，学生感受到一份数是会发生变化的，而且倍数会随它而变。他们在对比的强刺激下就"红花朵数都是 6 朵，为什么梦之队的红花朵数是蓝花的 3 倍，向阳队的红花朵数是蓝花的 2 倍，雏鹰队的则是 6 倍，怎么不一样呢"这一思路展开反思。在这样的过程中，学生的思维从浅层次的平衡中突围，通过化解"冲突"，实现新的平衡。此时，"把几朵蓝花看作一份，红花有多少个几朵，红花就是蓝花的几倍"的完整认知真切建立。

三、体验促进联通，化解认知冲突

认知冲突的真正化解，源于对知识本质的整体认识，需要学生基于不同角度积累的体验与思考，产生内部感悟，从而主动寻找与新知识相关的其他知识，尝试把新知识和以前学习的知识联系起来，进行有效整合，以形成完整的知识结构。

【教学片断三·倍数相同，标准变化了，总数也变化了】

师：说得太好了，老师忍不住想为你们拍手叫好呢。一起来玩拍手游戏好不好？

（课件出示要求：你们拍的次数是老师的 5 倍。师拍"××"）

（指名学生拍，该生拍出"××××××××××"）

师：哎，怎么没听出你们拍的次数是我拍的 5 倍呢？

生 1：拍 2 下要停顿一下。

（请该生示范，拍出了"××　××　××　××　××"）

师：咦，这回怎么一下子就听出来她拍的次数是我的 5 倍了？

生 2：因为她中间有停顿！

生 3：就是说他 2 下 2 下地拍，拍了 5 个 2 下，就是拍了你的 5 倍。

（师带领全班学生整齐地拍一遍）

师：啊，把游戏玩出数学味道来了！再给你们一次机会，准备好了哦！（师拍"×××"）

（大部分学生随即齐拍出"×××　×××　×××　×××　×××"）

师：说说你是怎么想的。

生 4：因为老师刚才拍了 3 下，要求拍的次数要是您的 5 倍，$3 \times 5 = 15$。

生 5：因为您拍了 3 下，我们一次拍 3 下，拍 5 次，就是 15 下。

生 6：我同意他们的想法，就是老师拍 3 下，我们拍 5 个 3 下，一共 15 下。

师：再来最后一次。（师拍"×××××"）

（全班学生整齐地拍出"×××××　×××××　×××××　×××××　××××××"）

师：再来说说想法。

生 7：老师拍 5 下，我们拍 5 个 5 下，我们拍的就是老师的 5 倍，一共 25 下。

师：孩子们，刚才你们拍的次数一直都是老师的 5 倍，那为什么你们每次拍的下数都不一样呢？

生8：因为老师您拍的下数都不一样，所以我们拍的下数也不一样。

师9：同样是5倍，老师拍的那一份变了，我们拍的总数也得跟着变化。

数学教学不仅要关注数学知识的获取，更要关注其对学生发展的意义。在相对完整地感受"倍"的含义之后，老师"顺手"安排一个拍手游戏，看似不经意，实则再次运用对比引发反思，让学生于"玩"中领略当倍数相同时总数与一份数之间那种"你变我也变"的奇妙关系。逆思考之，为什么一份数变了，总数也变了，倍数却并不改变。因为10除以2等于5，15除以3也等于5，25除以5还是等于5。这样的教学巧借拍手活动中存在的可见、可感的数量关系，引领学生发现新知"倍"与旧知"除法"之间的内在联系，感悟"倍"的本质——表示两个数量之间的关系。这些活动与知识经验的积累对后续学习"商不变的性质""比"等相关知识都将是有所帮助的。

四、感悟知识本质，认知走向完善

依建构主义学习理论，数学学习过程是新旧知识经验之间的双向互动的过程，这意味着学习是在反思中对原有经验不断修正和审视，既深化对知识的建构，又感受数学特有的思维方式，提升思考力。

【教学片断四】

（课件出示）

桃子：

苹果：🍎🍎🍎🍎🍎🍎

师：怎样改变苹果或桃子的个数，使苹果的个数是桃子的 3 倍？

生 1：去掉 1 个桃子，6÷2=3，6 个苹果是 2 个桃子的 3 倍。

生 2：增加 3 个苹果，3×3=9，9 个苹果是 3 个桃子的 3 倍。

生 3：还可以去掉 2 个桃子和 3 个苹果，剩下 1 个桃子和 3 个苹果，苹果的个数是桃子的 3 倍。

生 4：增加 1 个桃子和 6 个苹果，就有 4 个桃子和 12 个苹果，苹果的个数是桃子的 3 倍。

生 5：增加 2 个桃子和 9 个桃子，一共有 5 个苹果和 15 个苹果，苹果的个数是桃子的 3 倍。

生 6：解决这个问题有非常多种办法，只要符合"把桃子的个数看作一份，苹果的个数有这样的 3 份"就可以。

在课的最后设置开放性问题"怎样改变苹果或桃子的个数，使苹果的个数是桃子的 3 倍"，学生不仅能从份数、乘法、除法等不同的角度有理有据地表达自己的想法，还能透过现象看本质，揭示解决问题的核心是两个数量之间所存在的倍数关系，正所谓"变中不变"。结合解决问题的过程，他们的认知从完整走向完善。

纵观整节课，学生作为学习主体，在教师巧妙设问的强烈刺激下，多次产生认知冲突，历经不断的对比与反思，以学习共同体的方式逐步从"迷茫"走向"清晰"，达成经验的优化与重组、知识的获取与建构、思维的勾联与深拓。

第四节 探寻本质，
生长与丰盈学生的活动体验

体验，就是个体主动亲历或虚拟地亲历某件事并获得相应的认知和情感的直接经验的活动。让学生亲身获得经验，不仅有助于通过多种活动探究获得数学知识，在此过程中逐步掌握一些学习方法，而且能够促进他们对数学本质与思想方法的真正感悟，从而获得素养的提升。在数学教学中，可通过挖掘全面化资源、调动多感官协同、开展多样式学习等方式引领学生探寻本质，生长与丰盈活动体验。

一、挖掘全面化资源，探寻数学知识本质

教学资源是丰富多样的，包括教材、教师、学生和其他资源等。充分挖掘并合理利用全面化资源，能让课堂学习活动更加充实和立体，以北师大版六年级上册"看图找关系"一课为例，谈谈我的思考与实践。

（一）以连贯情境藏问题之主线，重组文本资源

根据教材所呈现的文本资源，巧妙地将知识点重新整合，创设一个贯穿于整堂课活动中的、连续发展的情境。

1. 出示图 A，"说一说，你看到了什么，找到了什么，明白了什么关系"，在猜测中，引起学生对两个变量和"折线"的捕捉与

关注。

2. 出示图 B,"描述冬冬上学途中车的行驶情况",唤醒在生活中积累的"加速—匀速—减速"的运动经验并与图相联系。

3. 出示图 C,"你看懂冬冬的这一天发生什么特殊的事情了吗?你找到了什么关系呢",加深对"横线表示'匀速前进',0 点表示'停止'"这一关键点的理解。

4. 出示图 D,进一步思考"从体现冬冬一家周末去郊游的这幅图中,你又找到了什么关系呢",在观察与思考中产生认知冲突——这回,横线表示"停止",0 点表示"回到起点",通过讨论,于对比、辨析中突破难点。

5. 先后出示图 E 和图 F,"晚上,他们三人一起出去散步,你能根据关键词'家'和'公园',说一说他们当时的行走情况吗",在变式练习中强化"看图找关系"。

6. 出示图 G,"冬冬一家散步回来后看足球比赛,你能把球赛当中可能的声音画下来吗",主动在"事件或行为"与图之间产生联想,将思维推向本节课的最高点。

在以上情境里,学生循着主线饶有兴趣地经历从图表中获取有关信息、分析量与量之间的关系、根据图表联想所描述的事件或行为的过程,思考逐步深入。

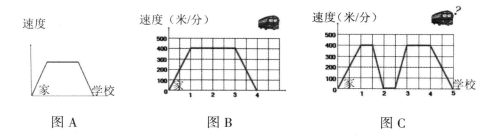

图 A　　　　　　　图 B　　　　　　　图 C

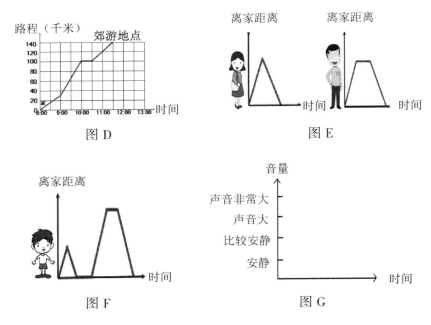

图 D

图 E

图 F

图 G

（二）以声音动作蕴知识之本质，引入具象资源

出示图 C，首先，让孩子们想一想："你看懂了吗？你找到了什么关系呢？"然后，同桌之间交流想法，并指名学生来表演。接着，说一说："你们觉得他看懂了吗？看懂了什么？"在此处，依托动作具象，成功引发了全班学生对"斜坡这个位置是'停下来'还是'慢下来'"的热议，进而主动结合动作经验对提速、行驶和加速形成深刻的表象。最后，猜一猜："路上可能发生了什么事？""红绿灯""下车去上卫生间""可能没油了"，孩子们在尽情释放快乐的同时，感受着"数学在生活中无处不在"。再如，课的最后，引入声音资源，不仅出示图 G 让孩子们动笔把球赛中可能的声音画下来，还"面向所有的老师，再送上我们最有特殊的数学味的掌声"，借助声音进一步巧妙诠释了"事件或行为"与图之间的关联。以上做法，既能延长学生的注意力，让她们积极、愉悦地学习，又能关

注不同认知倾向的学生，让"感觉"带着思维走。

（三）以核心提问导思考之方向，盘活教师资源

充分发挥教师资源的作用，针对重点，扣住疑点，把疑"设在重难点，生于无疑处"。例如，当情境行进至"郊游"这一环节时，老师话锋一转，提出："把你所看懂的变成问题来问问其他同学，看谁提的问题最多、最有价值"，于是孩子们提出并顺利解决了"家到郊游地点花了多少时间""路程一共是多远""他哪段时间走得最快""他平均每小时走几千米"等问题。之后，老师指着图 D 中蓝色的横线故作神秘说："这里，有藏着什么秘密吗?"马上有学生回应："停下来了，就是用同样的速度行驶的。"老师随即设疑："不对啊，不是告诉我是往前走吗? 匀速行驶"……在此处设置的疑问具有迷惑性，让学生须思且可思! 历经讨论，他们发现"原来是时间在走，而车是停下来的"。如此设疑，直击教学难点，使学生在深思后豁然开朗，强化了认知，获得了成功的喜悦。

（四）以激烈辩论突教学之关键，生成学生资源

在教学过程中，适时引导不同学生发表对同一问题的不同看法，有利于生成、展现"可遇而不可求"的教学资源，当学生以辩论的形式展开交流时，他们的学习热情得到最大限度的激发，思维在互动中受到启迪。本节课，出示图 B，提出"冬冬车的行驶情况是什么样子的"这一问题之后，先同桌讨论，后集体交流。学生一开始提出的思路是"前面 1 分钟的速度是缓缓上升的，达到 400 米/分；中间 3 分钟是平稳行驶的（出现错误，老师却并不打断）；最后的 1 分钟是缓缓下降的，回到 0 米/分"。在这里，老师采取延迟评价，确保了在描述事件的过程中孩子们思维的畅通、连贯。而后老师追问："你对他说的有没有想问的或者想说的呢?"此时，宝贵的学生资源生成了，有一个孩子大胆提出了"中间每分钟400米应该只行驶了2分钟"。历经你一言我一语的"交锋"，最终统一到"从1到3，就是2分钟"的认识上来。在此番互动中，直接参与者通过语言将自己的思维表达出来，静静聆听者之思维也在两种不同想法间来回碰撞，当"水落石出"时，对易错点的明晰与这场辩论一起留在了孩子们的记忆深处。

二、调动多感官协同，感受数学知识内涵

心理学研究表明，学生的认知倾向分为视觉型、听觉型、动觉型和均衡型，是个体不同的认知习惯和特征的表现。结合脑科学理论，我们在教学中要通过调动学生的视觉、听觉或动觉等，激发多感官的参与，从而建立起更多的神经连接，让更多学习变得更加深入。

（一）引领"荒唐"地"触"，感悟内涵

数学学科的特点决定了数学知识与数学学习在某些时候是"只可意会不可言传"的。触觉在小学数学教学中起着重要作用，不仅能帮助学生直接感知、学习数学知识，也为他们后续更深入地学习和建构数学概念、方法奠定基础。

【教学片断一·什么是面积】

1. 摸一摸——感知"面"的存在。教师请学生在身边的物体上找到一个面并仔细地摸一摸它。（生摸，师指导，汇报，板书：物体有面。教师带着学生通过用水彩笔把摸到的面涂上颜色，然后在白纸上用力一按的方法，将"面"成功地移到白纸上）

2. 比一比——体会"面"的大小。教师请学生摸一摸整间多媒体教室地板的表面，摸一摸我们整所学校土地的表面，再摸一摸整

个华侨大学土地的表面，最后摸一摸整个中国土地的表面。（师适时板书：面有大小）

3. 说一说——归纳概括面积的含义。

"面积"概念的建立可以说是小学阶段数学学习中的难点之一，突破的关键在于认识到"面有大有小"，我采用的是让孩子们蹲下来摸的方法，他们一开始还真的像模像样地动手摸了起来，生怕不小心漏掉了哪一块地儿似的，这是在体验"面"在地上的存在。后来随着老师提出的一步进一步的要求，他们就从笑开了到干脆站起来不摸了。我想他们真正理解了"大面"与"小面"之别。这样学面积，一点儿也不枯燥，而且知识变得浅显易懂。

（二）引导"直观"地"视"，建立表象

引导学生进行直观体验，获得形象感知，有助于数学知识与方法走入脑海并积淀，让他们更深入地理解事物的内涵和意义，进而以言语形式流露出来，并进行应用。

【教学片断二·小小养殖场】

教材只呈现了鸡有 85 只、鸭有 42 只、鹅有 34 只这一"小小养殖场"的生活情境。通过说一说鸡、鸭、鹅谁多谁少，让学生体会数量之间的相对大小关系。这于我的教学而言有两点困难：一是对于生活在城市里的小学生而言，养鸡、鸭、鹅的这类事情其实完全是陌生的。二是"85、42、34"这些较为抽象的数所表示的数量"多少"还无法很准确地浮现在孩子们的脑海中。于是，我巧妙地利用了环境素材，课堂呈现这样的互动过程：

师：同学们，今天我们联系班里的男生、女生人数来讨论多和少的问题。

生 1：我们班男生多、女生少。

师：那咱们来谈谈男生和女生人数相差的情况。

生2：相差很多。

生3：男生比女生多很多。

师：嗯，男生比女生多得多。（板书：多得多）

生4：男生比女生多了16位。

师：哇，我们还没有学过你就会算了，真棒！

师：那把老师的人数和学生的人数比一比吧！

大多数同学齐声喊：我们比老师多得多！

生5：老师，我有意见！以前，我们比老师多得多，但是今天有好多老师来听课，我们只比老师多一点！

生6：不对，不对，今天，我们和老师差不多。

生7：我也觉得是老师少一些！（这时，我允许学生自己去数一数，验证结果。师板书：多一些，少一些，差不多）

针对本班学生中男生多、女生少的实际情况，抓住上课当天听课老师和本班学生总人数差不多，学生可以当场看到男生、女生和老师分别有"这么多"这一有利时机，从较小的数入手引导学生在周围真实的生活情境中借助数量的直观呈现建立起"多得多""多一些""少得多""少一些"的感觉。经历学习伙伴间你一言我一语的交往互动，孩子们"能在具体情境中把握数的相对大小关系"，同时，通过描述数量之间的关系，将逐步建立数感。

（三）引向"专注"地"听"，感受规律

无论是巧借故事"从前有座山，山里有座庙，庙里有个老和尚，老和尚对小和尚说'从前有座山，山里有座庙……'"来理解"依次""不断""重复"等循环小数意义中的核心词语，还是通过儿歌"1只青蛙1张嘴2只眼睛4条腿，2只青蛙2张嘴4只眼睛8

条腿……"来感受用字母表示数的必要性以及方法，它们都用实际教学效果向我们证明了听觉刺激对学生在头脑中自主建构新知是有很大帮助的。

例如，在教学"方程"这一内容时，教师先以较慢语速道出："7+8＝15 不是方程，A－14＝9 是方程，X＋5＝10 是方程，4Y＝380 是方程，20＋X＝70 是方程，16－8>5 不是方程……"请学生试着根据老师提供的素材说一说"什么是方程"，然后借助已提供的工具（如天平等）或讲述某个生活场景来解释黑板上所写方程表示的意思。

基于班级学生思维活跃、领悟能力强等特点，我大胆开展了这一实验，现场反馈的教学效果比较理想，后续测验也体现出学生对方程含义的理解达到一个相当不错的程度。此环节的设计，一是利于培养学生专注倾听、用心感受的良好习惯；二是为数学模型寻找生活原型是逆向思考，对于打开学生思维的广度有一定的帮助。

三、依托多样式学习，感悟数学思想方法

数学思想方法是数学创造和发展的源泉，是数学应用的关键，对于数学的学习与研究具有重大作用和深刻的意义。数学教学要发现和应用有利素材，关注思想方法的渗透，促进学生对数学思想方法的感悟乃至今后在进一步的学习、工作和生活中进行灵活运用。以北师大版四年级上册"卫星运行时间（两、三位数乘法）"一课为例，谈谈我的思考与实践。

关于本课学习内容，学生已经具有初步的估算意识，掌握了一些简单的估算方法，具备了"理解并掌握三位数乘一位数的计算方法和两位数乘两位数的笔算方法"的知识基础，积累了通过知识的

正迁移在合作探究中探索新知识的活动经验。定位本节课的学习目标如下：1. 能合理估算两、三位数乘法的积的范围，在交流过程中感受估算的价值。2. 经历探索三位数乘两位数的计算方法的过程，能正确计算，并体验解决问题策略的多样化。3. 在数学活动中感受愉悦，感悟数学思想方法。

教材首先安排从"卫星运行时间"的问题情境中抽象出数学问题，列出算式后进行估算，引导学生在交流估算方法的过程中确定积的范围。然后静态呈现学生独立探索后交流多样化算法的场景，在此过程中理解算理，掌握算法。紧接着，独立尝试解决"中间、末尾有0的三位数乘两位数"。最后，由基本练习到针对性练习再上升到综合应用，层层递进，深化认识。教材内容看似顺理成章，环环相扣，却容易陷入"课堂淡如水、学生食无味"的"计算课"尴尬境地。如何通过挖掘教材中潜藏的"着眼点"，于细微处渗透数学思想方法，从而更好地引导学生品尝数学味呢？

（一）教师引领，体验"复杂问题简单化"的数学方法

在低年级关于加、减、乘、除法运算意义的学习中，学生更多的是通过摆小棒、画图等数形结合的方法来进行的。随着数量的不断增大，他们对于选择合适的运算方法解决简单的实际问题，并非我们想象中把握得那么准确。因此，在日常教学中，我很注重引导学生"以小见大"，用以此类推的方法帮助克服从小数量到大数量跨越时理解上的难度。在从"卫星运行时间"的问题情境中抽象出"绕地球21圈需要多少时间"这一数学问题后，我并没有简单地直接要求学生列出算式，而是以一种逗着玩的语态用渐快的方式陆续抛出"绕地球2圈需要多少时间""3圈""4圈"……"21圈"，答案的口算难度越变越大，学生也随着由"激昂"慢慢褪变到"无奈地笑了"。从"加，加，加"到"改用'乘'吧"再到"哎，乘不了了"的过程，使学生不仅更深刻地理解了加法与乘法之间的联系，还于不知不觉间把"绕地球21圈需要多少时间"这一问题结合想象追溯回"一圈一圈地绕"的起始状态，从意义上真正理解解决这个问题宜列乘法算式。相信这样的方式有利于启发他们，在以后遇到复杂问题一时难以想到解决方法时，可以尝试着将其简单化，而后加以研究。

（二）小组共学，感觉"区间"思想

仔细研读教材，可以强烈地感受到对学生估算意识与估算能力培养的关注，而这一内容在本节课中的体现是"合理估算积的范围"，与之前的"估计计算结果"略有不同。课堂上，我让学生在小组内交流，他们提出了多种估算方法。其一：110×20 = 2200（分），两个因数同时估小，准确结果应该比2200分多。其二：120×20 = 2400（分），一个因数估大，另一个因数估小，结果大约是2400分。其三：115×20 = 2300（分），一个因数估大，另一个因数估小，差不多需要2300分。我已不再停留在单纯让学生阐明自己估算的方法，而是抛出问题"你觉得这些方法中哪种比较特别""老师有点好奇，结果比2200分多，那比几分少呢？你们思考过吗"，让学生持续共学，引导他们在对方法与方法的比较之中有所"感觉"（但并不进行归纳总结）。经历互动过程，学生隐约觉得答案在某一个范围内存在，初步感觉区间思想，体会"对于某些数学知识可以从不同的角度加以分析"。

（三）集体交流，感悟"转化"思想

【教学片断三·交流多样化算法】

师：（指着算式"114×21 = ＿＿＿"），它和我们以前学过的乘法算式有什么不一样?

生1:我们以前学的是两位数乘两位数,今天有三位数。

生2:也有学过三位数,但是乘一位数,这个是三位数乘两位数。

师:那你还记得两位数乘两位数是怎样计算的吗?

(全班沉默)

师:不然这样吧,用举个例子的方法来试一试,怎么样?

生3:32×14。

……

师:通过回想两位数乘两位数的计算方法,你联想到怎样计算114×21了吗?大家先独立想一想,然后试着把你喜欢的方法写出来,再和同桌说一说你的想法。

(展示汇报)

生4:用114先乘3得到342,再乘7等于2394。

师:114×3你们会算吗?那342×7呢?这个主意真不错,把三位数乘两位数变成了三位数乘一位数,就可以用以前学过的方法来算了。

生5:我是把114先乘7再乘3的!

师:嗯,你们的这两种方法有异曲同工之妙,都应用了我们后续即将学习的乘法结合律。

生6:老师,我把21分成20和1,先用114×20=2280,再用114×1=114,最后把2280+114=2394。

师:真了不起!可以看出你对数的组成和意义理解得很好,我们在本单元即将对你所描述的这种规律展开探索。

生7:我是列竖式计算的……

（请生说每一步计算的含义，然后同桌之间互相说一说）

师：刚才同学们自己想到了多种方法来解决今天的新问题，有的是把"三位数乘两位数"转化为以前学过的"两位数乘两位数"和"三位数乘一位数"来计算，有的是从原来的"列竖式计算两位数乘两位数的方法"来联想和推理出新问题的解决方法，掌握这些学习方法对于我们今后的数学学习会有很大的帮助。

"它和我们以前学过的乘法算式有什么不一样？"学生通过集体交流，把对新知识的探索建立在原有的知识基础之上，清晰地感受到所学知识的逐步深化、发展，以及与今后学习之间的联系。这将有利于他们通过实现知识的正迁移，主动建构新知、重组经验网络，对后续学习心存期盼，于此间进一步感悟数学思想和方法。

（四）文本互动，体会位值思想

在多种算法的交流汇报中，没有学生提出教材中呈现的以下方法：

×	100	10	4
20	2000	200	80
1	100	10	4

$$
\begin{array}{r}
2280 \\
+\ \ 114 \\
\hline
2394
\end{array}
$$

面对这种情况，我并没有费劲地展开一系列不必要的引导，而是选择了在探索活动告一段落后，将其作为一种文本呈现给学生。当抽象的数位位值思想凭借表格这一如此简单明了的载体出现时，为学生铺开了一条主动思考、渴望交流的坦途。此时，我先请他们安静地独立阅读表格，然后在小组内互相交流对表格意思的理解，再次点燃学生对数学学习的激情，思想与方法得以自然而然地渗入。

第五节　沟通联系，生长与完善学生的认知结构

——以"有几瓶牛奶（9 加几）"一课为例

目前，小学数学教学不少是以点带面地分析知识点，以逐个训练技能为主，导致学生缺乏领悟过程，课堂教学面临一些困境。综观近现代认知心理学、教育心理学和教学论的研究结果表明，加强知识之间的关联，促进学生更好地从整体上把握与理解相关的知识内容，能有效解决知识碎片化的问题，让学生形成数学思维，知道如何去思考问题和解决问题，获得长远发展。现以北师大版一年级上册"有几瓶牛奶（9 加几）"一课为例，阐明如何注重知识的"生长点"与"延伸点"，把每堂课教学的知识置于整体体系中，引导学生感受数学的整体性。

一、循标：萌生"凑十"思维，品计数智慧

在数学思维过程中若抓住了目标，思维将变得有明确的目的性和针对性，因此，目标是数学思维生长的指南针。

本课是学生继"认识 11—20 各数，初步认识个位和十位，感知以'十'为单位的计算方法""20 以内数的非进位加法和不退位减法"之后，首次尝试探索"进位加法"。他们在既往学习中积累了运用"圈十"、摆小棒、拨计数器等方法计数以及探索计算方法

的数学活动经验。

经尝试发现，在计算进位加法时，最先算出正确结果的并不总是主动运用"凑十"计算的学生。例如，计算"9+2+8"，抢答成功的同学是这样表述的："9加2，在9后面接着数2个数，就是11，11+8＝19。"这是否意味着"有几瓶牛奶（9加几）"的教学无须凸显"凑十"方法呢？答案显然是否定的！"凑十"法的运用对以后的口算和笔算都是至关重要的。本节课的教学目标之一是"初步感知计算方法的多样性，并理解'凑十'方法的简便性"，从这一目标出发构建起学生数学思维起步的生长点，循着目标探索也就成为数学思维的生长线，本环节对教学起导向作用。

【教学片断一】

师：请你试着数清屏幕上有几根小棒。

（出示 ▐▐▐▐▐ 并于2秒后消失）

生齐答：5根。

师：要提高难度了，睁大眼睛仔细看哦，请你再试着数清有几根小棒。

（出示  并于2秒后消失）

生1：10根

生2：12根

生3：13根

生4：14根

生5：15根

师：看来，这回大家的意见不太统一啊。（再次出示小棒，实

际数一数）

师：别灰心！还有一次机会，请你数清有几根小棒。

（出示 并于 2 秒后消失）

（指数名学生回答，答案均为 14 根）

师：咦，奇怪了，这次的小棒比上一次还多，为什么大家反而数得这么轻松呢？

生 6：上一次的小棒很快就不见了！

生 7：上一次的小棒看不清楚，这次捆成一捆看得很清楚。

生 8：把 10 根小棒捆成一捆，只要再算 10+4 = 14 就可以了，所以很容易数清楚。

师：嗯，同学们通过对比发现，把 10 根小棒捆成一捆，能帮助我们数得又对又快。（板书：很好数）

师：现在，说一说怎样让别人也能一眼就看出上一次这些小棒有几根。

（出示 ）

生 9：把它们捆起来！

生 10：数出 10 根，捆成一捆，再加上剩下的几根。（课件动态展示）

从"基本数觉→数数阶段→实物计数→符号计数"的发展历程，彰显人类创造位值制的大智慧，这是学生在先前学习中已有所接触和体会的。以上活动设计，让"凑十"计算的思维启蒙在十进制计数法的大背景下展开。课程伊始，开展"比一比，谁数得快"的数学活动，新颖、有趣的游戏形式一下子就把学生深深地吸引住了，两次数小棒（12 根、14 根），游戏情境指向明确、集中，让学生置身强烈的对比之中，产生"捆十，很好数"的深刻体验，基于学生生活现实与数学现实的融合点生长新知。

二、观察—联想：强化"凑十"思维，构数学模型

数学观察是数学思维活动的基础，通过对新数学问题特征的辨认与分析，找到新知识与旧知识或原有生活经验的连接点，洞察出其独特之处，为后续思维提供必要的材料，对数学思维起奠基作用。数学联想是一种从新问题出发回想起相关旧问题的心理活动过程，是客观事物之间内在联系在人们头脑中的反映，是数学思维最为活跃的生长因子，对数学思维起搭设桥梁的纽带作用。

据前测，95% 的孩子已经会算"9 加几"，所以，本课教学需要思考：作为 20 以内进位加法计算教学的起始课，我们期待当学生走出课堂时对"9 加几"的认知与进入课堂之前有何区别呢？我想，可以尝试借助直观观察积累感性材料、形成"凑十"的表象，然后，通过参与适宜的数学活动，架设起借助"10 的加减法""20 以内数的不进位加法"等原有知识解决新问题（进位加法）的逻辑思路，最终，建立"凑十法"的数学模型，在感受"模型"思想的同时，积累数学活动经验。

【教学片断二】

师：（课件出示下图）数一数，说一说：如果一个格子装 1 个苹果，

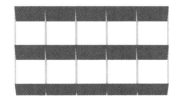

这一盒一共可以装多少个苹果？如果在盒子里已经放入 5 个苹果，再装几个就满 10 个了？放入 6 个呢？7 个、8 个、9 个呢？（课件逐步出示相应的图片，结合学生的回答，闪烁出示填入的虚线苹果，小结并板书：凑十）

师：（出示下图）妈妈又买来了 5 个青苹果，你能提出数学问题并列出算式吗？

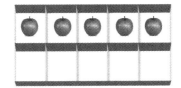

生 1：一共有多少个苹果？

生 2：可以用 9 个红苹果加 5 个青苹果。（师板书：9+5 =   ）

师：仔细观察图，说一说有什么方法可以知道共有几个苹果。

生 3：有 9 个红苹果，再接着数（青苹果）10、11、12、13、14 个。

生 4：把一个青苹果拿到左边的盒子里，这一盒就有 10 个苹果了，再和右边剩下的 4 个青苹果合起来，一共有 14 个。

生 5：把左边上面的那一排红苹果都拿到右边的盒子里，这样就有 10 个，再加上左边下面那一排的 4 个红苹果，就可以知道一共有 14 个苹果。

师：能不能借助小棒把你的想法摆一摆，摆好后和同桌说一说，你是怎样移动小棒的？为什么要这样移？

（交流汇报，略）

师：通过移动，左、右两边的小棒各有什么变化？有没有什么是不变的？

生 6：左边的小棒变多（少）了，右边的小棒变少（多）了，得数是不变的。

生 7：左边的小棒变少（多）了，右边的小棒变多（少）了，一共有 14 根小棒是不变的。

师：（结合图片）嗯，是的，从右边移动 1 根小棒到左边来，左边的小棒变多了，右边的小棒变少了，但小棒的总根数是不变的。想知道原来的 9+5 等于几，现在只要计算几加几就可以了？

生齐答：10+4。

师：这样，我们就把这节课遇到的新问题变成以前已经学会的问题来解答了，这样的方法称为"转化"。（板书：转化，齐读）

师：我们一起来玩"青苹果变变变"的游戏，好吗？

（课件出示下图：9+2＝<u>11</u>）

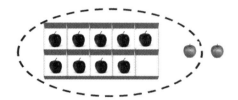

[不断变换盒子外面青苹果的个数（3 个、4 个、6 个、7 个、8 个），让学生快速抢答出苹果的总个数]

通过"把盒子装满苹果"这样一个简单、易行的生活事件，学生在"聊天"的过程中不知不觉地形成"十个就满了"的直觉思维；然后，结合直观图片探讨"有什么方法可以知道共有几个苹果"这一问题，初步建立起"凑十"的表象；紧接着，经历动手操作、语言表述、与同伴思维碰撞的过程，梳理出"'9+5'可以转化为'10+4'来计算"的逻辑思路，实现"凑十"经验的提升和内化；最后，依托快速、有趣的"青苹果变变变"游戏，不断强化

"凑十"思维。这样教学，学生不仅能学会计算"9加几"、能运用"9加几"的知识解决实际问题，而且能建构"凑十"的数学模型、生长"模型"思想，为形成良好的运算能力奠定坚实的基础。

三、整合：融通"凑十"思维，悟思想方法

通过整合，把有关联想起来的知识（计算"9加几"的进位加法的方法）按其内在逻辑联系有序地进行系统整理加工、综合改造和优化组合，让新知识与原有认知结构的相关知识（"满十进一"的位值思想、加法算式各部分间的关系等）发生积极作用，融合于新认知结构中，有力地促进新的数学思维的再生长。本环节在数学思维的生长中起关键作用。

【教学片断三】

师：通过玩"青苹果变变变"的游戏，你有什么发现？

生1：我发现，每次多1个青苹果，苹果的总个数就多1个。

生2：我有意见！有一次青苹果多了2个，苹果的总个数也多了2个。

师：嗯，红苹果的个数有什么变化呢？（不变）

生3：我发现要想知道一共有几个苹果，只要把青苹果去掉1个再加10就可以了。

师：谁听明白他的意思了？

生4：我听明白了，比如有9个青苹果嘛，拿1个和红苹果"凑十"，还剩8个，8+10＝18，一共有18个苹果。

师：王老师为善于思考和认真倾听的同学点赞！

师：如果🐰+4＝13，那么🐰+6＝□？说说你是怎样想的。

生5：刚才玩"青苹果变变变"的游戏时，我就知道9+4＝13了，那么9+6＝15。

生6：13-4＝9，所以兔子＝9，9+6＝15。

师：嗯，都能利用已经知道的信息来解决未知的问题，很了不起！

生7：兔子和兔子是一样的，6比4多2，所以得数也要比13多2，那就是15。

师：祝贺这位同学，他懂得用"推理"这种方法来解决问题！（板书：推理）

师：（出示"9+6＝15"）仔细观察这个算式，想一想，明明是用9加上"6个1"，但是和的个位上却只有"5个1"，少掉的"1个1"跑到哪儿去了呢？可以和小组里的同学讨论一下。

小组8：少掉的"1"跑到（和的）十位去了。

小组9：不对，不对，少掉的是"1个1"，十位上的"1"是"1个十"。

小组10：我们觉得，少掉的"1"跑去和"9"凑成"十"，就变成十位上的"1"了。

（其他小组纷纷表示赞同）

生11：所以，在计算"9加几"的时候，和的十位上是"1"，和的个位比9加的那个数少1。

师：嗯，你能有这么深入的想法，一定是因为你学习时非常专注！

师：同学们，受他的启发，你对如何计算"8+6＝　"有初步的想法了吗？

生12：十位上是"1"，个位上的数字比6少2，等于14。

师：呀，他用上了"类比"的方法，这种猜测对不对呢？我们下节课再一起学习"8加几"。

在玩"青苹果变变变"的游戏并交流"你有什么发现？"的过程中，学生依托具象的载体，自然迸发出了"（红苹果的个数不变）青苹果比上一次多了2个，苹果总个数也应该多2个""要想知道一共有几个苹果，只要把青苹果去掉1个再加10就可以了"的想法，这不就是"推理"思维和"归纳"思想的雏形吗？低年级学生所呈现出来的这种难能可贵的思维的火花需要我们去呵护并进一步点燃。此时，教师适时抛出"9+6＝15，明明是用9加上'6个1'，但是和的个位上却只有'5个1'，少掉的'1个1'跑到哪儿去了呢"这一问题，让学生进行小组讨论，引领他们上升到符号语言的层面来表达自己的认识，从而与原有认知结构中的"满十进一"的知识及其相应的位值思想相融合，实现思维生长。最后，通过"你对如何计算'8+6＝ '有初步的想法了吗"这一问题，让学生展开类比联想，为思维的再生长插上了希望的翅膀！

数学是一门抽象的学科，教师对知识内在的系统性、逻辑性关系进行挖掘，准确定位教学目标，对教学实施步骤进行具体设计，构建结构化教学体系，可以弥补碎片化教学的缺陷，促进小学生将结构化知识通过结构化的认知思路和方法内化成为自身的结构化思维，提升思维结构层次，培育学科核心素养。

第四章　富有生长力的数学课堂的课例思考

课例 1：邮票的张数

【课前思考】

"邮票的张数"是北师大版五年级下册的学习内容。本课是在学生四年级下册所学字母表示数、初步认识方程、会用等式的性质解决简单方程、会列方程解决简单实际问题、运用方程解决简单的分数问题的基础上进行教学的。

这部分内容是教学利用形如 $ax \pm x = b$ 的方程来解决相关的实际问题。教科书创设了"邮票的张数"的问题情境，帮助学生逐步掌握相关方程的解法，积累分析数量关系并把实际问题抽象为方程的经验。再次经历方程模型的建构过程，进一步理解方程的意义。在研读课标、解读教材、分析学情的基础上进行数学活动设计，着重思考以下三个问题：第一，学生新知的生长点在哪里？如何抓住学生的已有知识经验，基于旧识生长新知？第二，如何在学习方程的整个过程中加深学生对列方程解决实际问题的体验？第三，如何沟通知识的前后联系，生长和完善学生的认知结构，进一步感受方程的思想和价值？

【课堂实录】

一、复习引入，唤醒经验

师：四年级时，我们认识了方程，会应用方程解决问题。（课件出示四年级下册教材中与此相对应的内容）

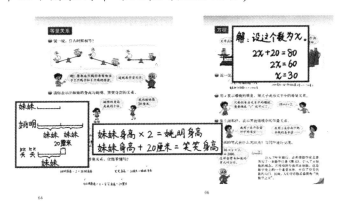

师：回忆一下，列方程解决问题的关键是什么呢？

生1：找出关系句。

生2：找等量关系。

（课件出示：爸爸年龄比笑笑的4倍多3岁，爸爸今年35岁，笑笑今年多少岁）

师：根据题意说出等量关系，再列出方程。

生3：笑笑年龄×4+3岁＝爸爸年龄。

师：（课件出示）还有其他表示形式吗？

生4：先画一条线段表示笑笑的年龄，画4条这样的线段再多一点表示爸爸的年龄，爸爸的年龄标上35岁。

师：（课件出示线段图）根据这个等量关系，设未知数，列出方程。

生 5：设笑笑今年 x 岁。方程是 $4x+3=35$。

师：这就是我们四年级学过的，抓住关键信息，用文字或画图表示等量关系，再根据等量关系列方程解决问题。今天，我们要进一步学习用方程解决较复杂的问题。（板书：用方程解决问题）

[思考]

通过呈现四年级教材，引导学生回忆列方程解决简单实际问题的关键是寻找等量关系。随后，以实际问题为载体，让学生再次回顾"找等量关系，并根据等量关系列出方程"的过程，唤醒相关经验，找准了本节课的生长点，为新知的生长提供有力支撑。

二、启思导疑，探究新知

（一）采集信息，提出数学问题

师：（课件出示情境图）生活中，邮票具有很高的观赏和收藏价值。看，姐弟俩是集邮爱好者，他们正与妈妈分享集邮成果。你能从他们的对话中获得哪些数学信息？

生 1：姐姐的邮票张数是弟弟的 3 倍。

生 2：姐姐和弟弟一共有 180 张邮票。

师：根据这些数学信息，你能提出什么数学问题？

生 3：姐姐有多少张邮票？

生 4：弟弟有多少张邮票？

生5：姐姐比弟弟多多少张邮票？

生6：姐姐和弟弟各有多少张邮票？

师：大家都很有想法。让我们先尝试用方程解决"弟弟和姐姐各有多少张邮票"这个问题。（板书：邮票的张数）

[思考]

学起于思，思源于疑。让学生通过自主观察，主动提取情境中呈现的数学信息，鼓励他们提出数学问题，培养问题意识和提出问题的能力。学生带着问题走进数学活动，开启思考与交流之旅。

（二）分析信息，尝试解决问题

师：姐姐和弟弟的邮票张数都不知道，该怎么办呢？（教师微笑，不语，停顿）

生1：可以假设弟弟有 x 张邮票。

生2：可以假设姐姐有 x 张邮票。

生3：我同意他们的想法，可以列方程解决问题。

师：请从等量关系入手，自主思考并尝试解决问题。完成后，和同桌交流你的想法。

（学生在小组内交流成果，教师巡视，采集资源）

师：根据题意，你能找到哪些等量关系？一起来分享想法。

展示学生作品1：

姐姐的邮票张数 = 弟弟的邮票张数 × 3
姐姐的邮票张数 + 弟弟的邮票张数 = 180张
解：设弟弟有 x 张邮票，则姐姐有 $3x$ 张邮票。
$$x + 3x = 180$$

师：和同学们说说你是怎样想的。

生4：我根据"姐姐的邮票张数是弟弟的3倍"得到"姐姐的

邮票张数＝弟弟的邮票张数×3"；根据"姐姐和弟弟一共有 180 张邮票"得到"姐姐的邮票张数＋弟弟的邮票张数＝180 张"。

（有其他学生举手，教师及时发现）

师：你看懂了他的想法？

生5：他可能是这样想的：因为"姐姐的邮票张数＝弟弟的邮票张数×3"，所以假设弟弟有 x 张邮票，那么姐姐就有 3x 张邮票。又因为"姐姐的邮票张数＋弟弟的邮票张数＝180 张"，所以可以列出方程 3x+x＝180。

师：同意他们的说法吗？

（学生纷纷表示同意）

师：嗯，他说得很清楚，希望同学们在交流汇报时也能像这样完整、有序地表达。

展示学生作品 2：

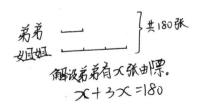

师：这位同学是怎么想的呢？也请他来分享一下。

生6："姐姐的邮票张数是弟弟的 3 倍"，画一条短一点的线段表示弟弟的邮票张数，再画这样的 3 条线段表示姐姐的邮票张数。因为"姐姐和弟弟一共有 180 张邮票"，所以画一个大括号，把这两部分线段合起来，共 180 张。

生7：我来补充。（指着线段图）假设弟弟有 x 张邮票，那么姐姐有 3x 张邮票。两人一共有 180 张邮票，写成方程就是 3x+x＝180。

师：比较这两种不同的方法，你有什么想说的？

生 8：一个用文字描述等量关系，一个用线段图。

生 9：虽然表示的方式不一样，但是要表达的意思是一样的。

生 10：他们都是先设一个未知数为 x，再根据两个数之间的倍数关系用含有字母的式子表示另一个未知数，最后根据邮票张数总和列出方程。

师：同学们不仅能表达自己的想法，还能读懂他人的作品，老师为你们点赞！

展示学生作品 3：

姐姐的邮票张数÷3＝弟弟的邮票张数

姐姐的邮票张数＋弟弟的邮票张数＝180张

解：设姐姐有x张邮票，则弟弟有⅓x张邮票

$x+\frac{1}{3}x=180$

生 11：我找到"姐姐的邮票张数÷3＝弟弟的邮票张数"和"姐姐的邮票张数＋弟弟的邮票张数＝180 张"这两个等量关系。根据第一个等量关系，如果假设姐姐有 x 张邮票，那么弟弟有 $\frac{1}{3}x$ 张邮票。再根据"姐姐的邮票张数＋弟弟的邮票张数＝180 张"，列出方程 $\frac{1}{3}x$ $+x=180$。

师：思考的角度不同，列出的方程也不同。对比一下，你更喜欢哪一种方法？

生 12：我喜欢第一种，这个方程比较容易计算。

生 13：第二种，我觉得线段图看得比较清楚。

师：嗯，线段图更加直观，便于理解。

生 14：我觉得第一种、第二种的想法是一样的，只是表达等量

关系的方式不同。

师：现在，请同学们选择自己喜欢的方法解决这个问题。

（展示学生作答，说想法）

师：怎么验证你们的答案？

生15：把方程里的 x 替换成45，看方程两边会不会相等。

师：嗯，我们一定要养成验算的好习惯。同学们用方程解决了含有两个未知数的实际问题，真了不起！

[思考]

在实际情境中引发"姐姐和弟弟的邮票张数都不知道，怎么办"这一认知冲突，营造思考的意境，而不急于引导学生解决问题。基于学生的认知发展水平和已有经验，适时提醒学生寻找等量关系，用直观模型表示数量之间的相等关系，经历将实际问题抽象为方程的过程。继而，给予充分的时空让学生展开多向互动，请学生说说自己的想法、表达所看懂的他人想法、提出自己的疑问，以多元方式充分打开交流通道，关注学生的不同思考过程。通过群体交流，促使学生进行自我调整，实现不同的人获得不同的发展。最后，在方法对比与列方程解决问题的过程中，体会等量关系与方程的对应关系，进一步理解方程的意义，构建方程模型。

三、变换信息，拓展延伸

课件出示：姐姐比弟弟多90张邮票。

师：如果变换数学信息，你还能用方程解决姐弟俩邮票张数的问题吗？

生1：（齐声）能。

师：先表示出题中的等量关系，再根据等量关系列方程解决问题，完成后和同桌说说你的想法。

(学生先思考、解决问题，后交流讨论，教师巡视了解，学生展示交流，略)

课件出示下图：

过去

笑笑年龄 × 4 + 3岁 = 爸爸年龄

解：设笑笑今年x岁。

$$4x + 3 = 35$$

现在

姐姐邮票张数 = 弟弟邮票张数 × 3

姐姐邮票张数 − 弟弟邮票张数 = 90张

解：设弟弟有x张邮票，姐姐有3x张邮票。

$$3x - x = 90$$

师：我们今天学习的方程和以前学习的方程有什么相同点？有什么不同点？请先独立思考，有想法后与同桌交流。

生2：以前，已知的数学信息中只有一个等量关系。现在，已知信息中藏着两个等量关系。

生3：以前，只有 x。现在，还有 $3x$。

师：谁听懂了他的意思？

生4：他想说的是以前是一个未知量，今天有两个未知量。

师：等量关系不一样，未知量的个数也不一样。那它们之间有什么相同点吗？

生5：只要用 x 就能列出方程了。

生6：我来补充。他的意思是说虽然有两个未知量，但是只用一个字母就能表示出来了。

师：我们用字母表示其中一个未知量，再根据等量关系，用含有这个字母的式子表示另一个未知量。

生7：它们都是用方程解决问题。

师：具体说一说。

生8：它们都要找等量关系、作出假设、列方程解决问题。

师：也就是说列方程解决问题的过程与方法是一样的。其实知识就是这样不断生长，从简单慢慢变得复杂，变得丰富，今后我们还会遇到更复杂的分数、百分数或者更多未知量的实际问题。（课件出示问题如下）

> 苹果、梨、橘子一共 90 箱，苹果的箱数是梨的 2 倍，橘子的箱数比苹果多 8 箱。苹果、梨、橘子各有多少箱？

> 一张课桌比一把椅子贵 120 元，椅子的价钱是课桌的 40%。课桌和椅子的单价各是多少元？

师：这里的信息量是不是更大了？

生9：（小声）可以用方程解决。

师：你说什么，可以大声点吗？

生9：我想，如果用今天学习的方程来解决这个问题，会比较简单。

师：看来你们已经感受到用方程解决问题的好处。是呀，只要用方程来解决，解决这两个问题的过程就会变得简单了。（课件出示解决问题的过程）

甲 x
乙 $3x$ 5 $\Big\}82$
丙 $3x+5$

解：设甲是 x，则乙是 $3x$，丙是 $3x+5$
$$x+3x+3x+5=82$$

课桌单价×40%＝椅子单价
课桌单价－椅子单价＝120 元

解：设课桌单价是 x 元。
$$x-40\%=120$$

[思考]

促进学生真正理解数学知识与方法，变式应用是个好办法。本环节中，变换已知信息，提出新的用方程解决的问题，用形如 $ax\pm x=b$ 的方程来解决问题，完全放手让学生进行自主探究与合作交流，再次经历方程模型的建模过程，渗透方程思想，且增强他们分析问题和解决问题的能力。随后，学生在知识"前世、今生、未来"的比较中，彼此沟通，梳理知识脉络，促进认知结构的重组与完善，感受知识的生长与延伸。

四、实践应用，巩固提升

课件出示教材第 70 页第 1（1）题

（学生独立解答后进行展示、交流，略）

[思考]

学生在练习中巩固所学，深化理解，灵活应用。在此过程中，他们进一步体会数学来源于生活、为生活服务，更深刻地感受列方程解决问题在思维上的便捷性，增强用方程解决实际生活问题的意识和能力。

五、总结反思，内化提高

师：通过这节课的学习，你有哪些收获？

（生纷纷表达想法）

师：希望你们以后能像今天一样，用数学的眼光抓住信息、分析问题，很多难题就会迎刃而解。

【课后思考】

美国著名教育家杜威说过："教育即生长。"学生的生长包括了知识、技能、情感、价值观等方面的全面发展，数学课堂是促进学生生长的"土壤"，只有教师不断为这片"土壤"注入"活水"，才能引领学生实现个性化的发展。因此，本课教学力求构建富有生长力的数学课堂，以学生的经验为出发点，通过师生、生生互动，引发学生的不断反思，给予他们更多成长的力量，让其数学素养得到有效提升。

一、抓住"昨天"—— 从经验中生长新知

学生对已学知识的经验可以为新知学习做好铺垫，经验搭建起了新旧知识之间的桥梁，学生在旧知的大树上生长出新知，可以使知识之树越来越苗壮。这节课从复习入手，借助以往教材和问题，回顾用方程解决简单实际问题的关键与方法，夯实了和本节课数学学习相关的基础知识，为新知的生长打下了扎实的基础。

在随后的"邮票的张数"问题中，通过疑问"弟弟和姐姐的邮票张数都不知道，该怎么办呢"引发认知冲突，又引导学生"从等量关系入手"，利用已有知识经验探索新知，激发起学生学习的兴趣，产生参与数学活动的热情，发挥出学生的主观能动性，让学生更好地投入到学习与探究活动中来，让知识自然而然地生长。

二、把握"今天"—— 在互动中提升能力

《义务教育数学课程标准（2022年版）》指出：教学活动应注重启发式，激发学生学习兴趣，引发学生积极思考，鼓励学生质疑问难，引导学生在真实情境中发现问题和提出问题，利用观察、猜测、实验、计算、推理、验证、数据分析、直观想象等方法分析问题和解决问题，促进学生理解和掌握数学的基础知识和基本技能，体会和运用数学的思想和方法，获得数学的基本活动经验。在本课教学中，先找准知识的生长点，然后在旧知识与新知识的衔接处，引发已有经验与数学知识的冲突，果断放手，为学生在课堂上的自主探索、碰撞交流赢得了时间，让学生主动出击，充分表达各自的所思所想。在学生进行汇报时，注意让他们充分解释自己的想法，不急于给出评价，而是让其他同学进行补充和完善，为生生互动营造了良好的氛围。把课堂还给学生，我们听见了课堂上最美的声音，即学生生命里"拔节"的声音。

三、期待"明天"—— 从比较中感悟价值

数学知识的教学，要注重知识的"生长点"与"延伸点"，把每堂课教学的知识置于整体知识的体系中，处理好局部知识与整体知识的关系，引导学生感受数学的整体性。比如，在探索新知过后，让学生对比新旧知识之间的异同点，沟通知识之间的联系，感受知识的生长。但并不止步于此，而是接着呈现更复杂的问题，教师"不语"但"微笑"，正是这样的停顿与驻足，让学生有足够的空间再次架构知识间的联系，促进学生认知结构的重组与完善，感受知识的延伸，感悟出知识的价值，奏响数学课堂生长的新篇章。

学习的过程不是简单的收集和堆积，也不像砌墙那样砌到那儿就只能到那儿。学习是一种有生命的生长的过程。所以，教师在课堂上要关注影响学生生长的各个细节，把握各种生长因子，让学生主动参与学习，积累数学思考经验，让学生在与知识的每一次"相遇"中创造出更多的潜能，令我们的数学课堂更具有生长气息！

课例2：数图形的学问

【课前思考】

"数图形的学问"是北师大版四年级上册的学习内容。该内容是简单的排列组合问题，不仅是学习统计概率的基础，在生活中也有着广泛的应用。关于本课学习，学生已有一些生活认知和知识储备。他们在日常参与的一些游戏活动、体育竞赛以及穿戴搭配等生活情境中积累了与之相关的感性认识。在二年级上册"厘米和米"单元的学习中，初步认识了线段；在同册"角的初步认识"单元的习题中，初步接触并解决了与本节课数线段相类似的简单"数角"问题；在既往的学习历程中，较好地具备了用字母或图形表示事物、借助直观图或线段图分析问题的意识和经验，积累了丰富的有序思考的活动经验。

本课教学，着重思考以下两个问题：其一，如何在利用多样化的画图策略解决问题的过程中发展学生的几何直观？其二，如何依托数图形的活动引领学生逐步形成有序思考的良好习惯？不要求学生归纳概括出数图形的通用计算公式，也不要求他们解决复杂的数图形问题。一方面，重在引领学生经历有序数图形的过程，既体验画图解决问题策略的多样化，又逐步形成有序思考的良好习惯。另一方面，重在引导学生发现规律并有条理地表达解决问题的过程和结果，感受数学的好玩、有趣。上述两者相融，感悟数图形的"学问"，并为后续学习"一一列举"等知识奠定坚实的基础。

【课堂实录】

一、创设情境，提出问题

(一) 出示鼹鼠钻洞情境图，说一说"从图中你能得到哪些信息"

课件展示：教材主题情境图

师：同学们知道鼹鼠最喜欢钻地洞了。仔细观察情境图，从图中你能知道哪些数学信息？

生1：有4个洞口。(请该生到屏幕上具体指一指)

生2：小鼹鼠说："任选一个洞口进入，向前走，再任选一个洞口钻出来。"

师：关于这个钻洞规则，你想提醒我们注意什么？

生3：向前走

生4：向前走，就是不能算往后走的。

(课件出示，在主题情境图中添加表示"向前走"的箭号)

生5："任选"是什么意思？

生6：任选的意思就是任意选一个。

生7：选哪个洞口都可以。

师：谁能上来举个例子指一指，说一说。

生8：比如从第一个洞口进入，从第二个洞口钻出来。（边指边说）

生9：也可以从这个洞口（手指着第二个洞口）进入，第三个洞口出来。

生10：还可以从第一个洞口进入，第三个洞口出来。

师：大家都同意他们的想法吗？

生：（齐声）同意。

（二）根据信息提出数学问题"一共有多少条不同的路线"

师：根据鼹鼠钻洞的这些数学信息，你能提出什么数学问题？

生1：鼹鼠有多少种不同的钻法？

生2：我们想知道，鼹鼠有多少条不同的钻洞路线？

（三）画示意图表示洞口以及洞口之间的距离

1. 独立思考，自主探究。

师：为了方便研究这个问题，想一想：怎样用比较简洁的方法表示这4个洞口以及洞口与洞口之间的距离，试着在学习单1上画一画。

（学生独立思考，自主画图，同桌交流）

2. 展示交流，梳理汇报。

出示学生作品1：

师：指一指，洞口在哪里？（指名学生上来指一指，说一说。）

出示学生作品2：

生：这是洞口（指着点），这是洞口与洞口之间的距离（指着线段）。

出示学生作品3：

师：对比这三种表示方法，你最喜欢哪一种？

生1：我最喜欢第一种，因为它看起来很清楚。

生2：我不同意，第一种虽然看起来很清楚，但是画起来比较麻烦。

生3：我喜欢第二种和第三种，因为能很简单地画出来。

生4：我更喜欢第三种，因为用字母A、B、C、D表示，可以很好地区分这4个不同的洞口。

生5：我同意他的想法，用第三种方法来表示，既清楚又简洁。

师：大家同意吗？

生：（齐声）同意。

[思考]

借助有趣的情境，调动学生积极参与学习活动。通过引导学生观察主题情境图，读懂信息，提出问题，经历将生活问题抽象成数图形的数学问题的过程，引领亲历"数学化"。通过交流启发学生关注如何画示意图清楚地表达问题的意思，感受"运用图形描述和分析，能把复杂的数学问题变得简明、形象，有助于探索解决问题的思路"，发展初步的几何直观能力。

二、自主探究，建构新知

（一）建构"数图形"方法的模型

1. 尝试画一画、数一数"有多少条不同的路线"，并与同桌说一说自己的想法。

（出示学习要求（如下），教师巡视，了解学生想法，采集课堂学习资源）

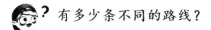 ？有多少条不同的路线？

学习要求

1. 数：有多少条不同的路线？

2. 算：列算式算出结果。

3. 说：和同桌交流你的想法。

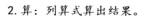

2. 展示交流。

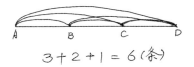

$$3+2+1=6（条）$$

生1：（边在黑板上画路线边说，如上图所示）我是先数从A到B、从A到C、从A到D，再数从B到C、从B到D，最后数从C到D。

师：谁听懂了他的想法？

生2：他是先线段AB、AC、AD，再数线段BC、BD，最后数线段CD。

生3：就是把鼹鼠钻洞的路线分成3类，先数从A出发的3条，再数从B出发的2条，最后数从C出发的1条。

生4：也就是AB、AC、AD是一类，BC、BD是一类，CD又是一类。

师：看来他们是按出发点不同分类数的（板书：按出发点不同数）

生5：（边在黑板上画路线边说，如下图所示）我有不一样的数法，先数AB、BC、CD，再数AC、BD，最后数AD。

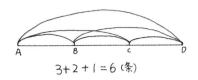

3+2+1=6（条）

生6：我听明白他的意思了。他是先数单段的路线，有 3 条，分别是 AB、BC、CD；再数由两条线段合起来的路线，有 2 条，分别是 AC、BD；最后数由三条线段合起来的路线，只有 1 条，那就是 AD。

生7：我同意她的想法，按线段数不同来数，也是分成 3 类数清楚的。（板书：按线段数不同数）

师：瞧，他们都用 3+2+1 表示，这里的"3"在左图和右图表示的意思一样吗？

生8：是一样的，"3"都是表示 3 条不同的路线，"2"和"1"也是。

生9：（上台边指边说）我有不同意见，"3"在左图表示 AB、AC 和 AD 这三条线段，在右图表示 AB、BC 和 CD 这三条线段，所以它们表示的意思是不一样的。

生10：我来补充，"2"在左图表示 BC 和 BD 这两条线段，在右图表示 AC 和 BD 这两条线段，它们表示的意思不完全一样。

生11："1"在左图表示 CD，在右图却表示 AD，也是不一样的。

生12：虽然这两位同学列的算式是一样的，都是 3+2+1，但是他们的数法并不相同。

3. 对比，沟通不同方法之间的联系和区别。

师：（指着板书）仔细观察对比刚才解决问题的方法，你有什么发现？

生1：解决问题的方法不同，得到的结果却是相同的。

生2：虽然数法不同，但是都有规律。

生3：也就是都按一定的顺序来数。

师：（板书：有序）有序地数有什么好处？

生4：数得清楚，不会乱。

生5：不容易遗漏，也不会重复。

……

师：有序可以帮助我们数的时候不重不漏。（板书：不重不漏）这就是我们今天研究的数学图形的学问。（板书课题）

[思考]

教师基于学生的生活经验，引领他们根据情境所提供的信息，按一定的标准把稍复杂问题分成简单的几类，把每类中可能出现的情况——列举，不重复、不遗漏地数出线段（路线）的数量。通过这样的数学活动，培养学生有序思考的良好品质，其中画图方法的运用有利于发展学生解决问题的策略和几何直观能力。学习过程体现课堂教学中教师的真正"退"和"放"，把课堂还给孩子，让学习真正发生。

（二）在迁移应用中发现规律

1. 出示："菜地旅行"（共5个站点）情境图，提出问题"单程需要准备多少种不同的车票"。

生1："单程"是什么意思？

生2："单程"就是只坐一站，比如从红薯站上车到西红柿站下车。

生3：我的想法和他不一样。我认为"单程"是指只考虑起点站到终点站，也就是从红薯站到土豆站的车票，不用考虑返回的车票。

生4：我赞同他的说法。"单程"和鼹鼠钻洞规则里的"向前走"是相同的意思。

师：大家同意吗？

生：（齐答）同意。

2. 根据情境画出示意图，说说自己的想法。

师：请试着像刚才那样画图解决问题，并和同桌说一说你是怎样想的。

（学生独立画图解决，同桌交流）

3. 展示、汇报、交流。

生1：（学生依托示意图边指边说，教师适时动态展示）我是先数从 A 站出发的车票，有 AB、AC、AD、AE，共 4 种；再数从 B 站出发的 BC、BD、BE，共 3 种；接着数从 C 站出发的 CD、CE，共 2 种；最后数从 D 出发的 DE，只有 1 种。全部合起来就是 4+3+2+1＝10（种）。

生2：（学生依托示意图边指边说，教师适时动态展示）我是先数单段的有 4 条，再数两段合起来的有 3 条，接着数三段合起来的有 2 条，最后数四段合起来的有 1 条。算式：4+3+2+1＝10（种）。

（师根据学生汇报适时板书：4+3+2+1＝10）

4. 思考：如果有 6 个站点，单程需要准备多少种不同的车票？

师：5 个站点是 10 种不同的车票，如果是 6 个站点呢？单程需要准备多少种不同的车票？请你试着解决这个问题。

（学生独立解决）

师：老师发现明明同学很快就解决了这个问题，你是怎么想的呢？

明：我是在后面添上一个站点，继续画，这样就比刚才多了5 条。

师：哪 5 条？

明：（边指着课件上的示意图边说）多了 AF、BF、CF、DF、EF 这 5 条，算式是 5+4+3+2+1＝15（种）。

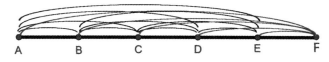

（师适时板书：5+4+3+2+1＝15）

5. 追问：如果有 7、8 个站点，单程需要准备多少种不同的车票？

师：如果有 7 个点呢？

生 1：多 6 条，算式是 6+5+4+3+2+1（板书：6+5+4+3+2+1）

师：8 个点呢？

生齐说：7+6+5+4+3+2+1（师适时板书：7+6+5+4+3+2+1）

师：8 个点你们都会啦？

生：（齐答）有规律。

师：你们都找到规律啦？什么规律？（稍停）在小组里说一说。

6. 发现并尝试表述规律。

生 1：（指着板书）横着看每个加数多 1。

生2：2 个点有 1 段距离，3 个点有 2 段，4 个点有 3 段，5 个点有 4 段……所以 5 个点从 4 开始加。

师：按照这样的规律，你知道 15 个点应该从几条线段开始加起吗？20 个点？100 个点呢？

生3：有 15 个点，就从 14 加起；有 20 个点，就从 19 加起。

生4：100 个点从 99 加起。

师：100 个点你们都会？还要画图吗？（不用）是啊，咱们列算式就能解决它。你们觉得数学怎么样？

生5：数学真有趣！

生6：数学真好玩！

生7：数学有规律，只要我们认真思考就可以发现规律。

师：是啊，数学不仅好玩、有趣，还藏着许多的规律，利用这些规律咱们可以解决更多的生活问题。

[思考]

依托"数一数车票数"的过程，帮助学生进一步熟悉画图策略并体会画图方法的多样性，发展有序思考、主动发现规律解决现实问题的能力。纵观全课，从"鼹鼠钻洞"到"制作车票"，借助这两个有趣的问题情境，让学生由简单到复杂地经历不重复、不遗漏地数图形的过程，这既有利于发展学生有序思考的习惯，感受问题中隐含的数学规律，也利于学生利用图形描述和分析问题，体会几何图形可以把数学问题变得形象，进一步发展几何直观和推理意识。

三、总结深化，梳理提升

1.教师借助 PPT 展示，简要梳理与本课学习相关的既往所学和拓展应用内容。

师：今天咱们探究了数学图形的学问，其实这门学问并不陌生，早在二年级认识角和线段时，咱们就初步感受过数图形的学问。今后，我们还将遇到像数长方形、三角形这些更复杂的组合图形的问题。

课件展示：

（1）

（2）

（3）

（4）

2. 学生谈一谈："通过本节课的学习，你有什么收获？"

师：回顾这节课，你有什么收获和感想？

生1：我学会了数图形既可以按出发点不同数，也可以按线段数不同数。

生2：有序地数就能数得不重不漏。

生3：数学很有趣、很好玩。

师：（结合板书）在今天的学习过程中，同学们借助画图的方法来帮助解决问题，感受到了有序思考、不重不漏的学问。

师：老师还欣喜地看到大家能够主动提出问题，在自主解决问题的过程中感悟数学有趣、好玩，有规律。

[思考]

通过梳理，利于学生将所学纳入原有的认知结构，实现经验的打破与重组，从而进一步建构和完善知识体系；通过交流，既回顾、梳理所学知识，又有效促进学生自我反思的意识与能力的进一步提升。

【课后思考】

本节课教学预设的主线是"生活问题——数学问题——借图示意——有序思考——迁移应用——发现规律"。

一、在抽象中生长，实现横向数学化

横向数学化是"把生活世界引向符号世界"，是生成数学和生活的联系。课前让学生观看《鼹鼠钻洞》动画片，课之始又出示鼹鼠钻洞的有趣情境图，充分调动学生参与数学活动的积极性。学生通过读取数学信息和提出数学问题，成功激发记录的需求，产生用图描述分析解决问题的欲望。随后，在独立思考、自主表达的基础上，进行汇报交流，展示具有个性、形象、半抽象、抽象等多种多样示意图，经历把生活中的现实问题抽象成数图形的数学问题，把生活世界引向符号世界，实现横向的数学化，意在让学生体会线段图的简洁美，体会几何图形可以把数学问题变得简明与形象，发展初步的几何直观。

二、在探究中生长，亲历纵向数学化

纵向数学化是"在符号世界里，符号生成、重塑和被使用"，是生成抽象数学知识间的归纳、概括、推理、论证、推广、引申等。本节课在探索解决问题策略多样化时，留给学生思考的时间和空间，放手让学生自主探究，引领学生用画一画、数一数、算一算等方法记录过程，通过交流、互动，引导学生将不同数法展示出来，促进学生思维的碰撞，促使学生个体的反思并获得感悟，教师对课堂动态生成的教学资源加以合理利用，让学生经历由无序到有序地数图形的过程，体会有序数图形的思考方法。多样化的画图描述分析策略解决问题的过程，发展了学生解决问题策略和几何直观能力，让学生感受数与形结合的美妙；不同的数线段的方法的比较，使学生深入理解有序思考问题的方法，培养学生有序思考的良好思维品质。

三、在迁移中生长，完善纵向数学化

类比是从一种特殊到另一种特殊的推理，实现从具体到抽象的迁移过程。为了促进学生尽快建构数线段的方法模型，接续"鼹鼠钻洞"的情境，创设了"制作车票"的生活情境，让学生在不断地有序数图形的活动中，进一步感悟、内化，整个过程注重数与形的结合，加强观察类比，思考感悟，促成学生尽快发现建构数学线段规律的最近发展区，体会算式蕴含着的规律，进而发现数图形的规律，感悟数学的神奇——规律美，同时完成对知识方法的建构；并且深刻体会到有序数可以做到不重复、不遗漏，进而培养有序思考问题的习惯和类比推理意识。

最后，通过课件演示沟通起"前世"数简单的角、线段的方法与"后世"数长方形、三角形等组合图形的方法，让学生亲历知识的纵向沟通，领会不同图形之间的联系，完成知识建构，整个过程就是纵向的数学化活动。

上述学习过程，重视引导学生亲身经历"数学化"的活动，利用多样化的画图策略来描述和分析解决问题，发展学生解决问题的能力，渗透有序思考、符号化思想、数形结合思想等多种思想方法，积累画图解决问题的策略和有序思考的数学活动经验，学生的思维在不断深入，可持续学习能力获得生长。

课例 3：找最大公因数

【课前思考】

"找最大公因数"是北师大版五年级上册的学习内容。学生在本册第三单元学习了倍数与因数的意义、会找一个数的全部因数，本课教学将为后续学习约分做好准备。在既往的学习历程中，学生具备了初步用列举方法分析和解决问题的意识与能力，积累了较为丰富的有序列举活动经验。

《义务教育数学课程标准（2022 年版）》对"公因数"的要求有两点：一是"了解公因数和最大公因数"，二是"在 1—100 的自然数中，能找出一个自然数的所有因数，两个自然数的公因数和最大公因数"。本节课通过经历找两个数的公因数的过程，理解公因数和最大公因数的意义；探索找两个数的公因数的方法，会用列举法找出两个数的公因数和最大公因数，感受思考方法的多样化。

本课教学着重思考以下两个问题：其一，如何引导学生与同伴进行有效交流从而驱动与完善自身的数学思考？其二，如何依托找公因数和最大公因数的活动引领学生感悟列举方法和集合思想？

【课堂实录】

一、问题驱动，导入新课

1. 揭示课题：找最大公因数。

2. 说一说：关于"找最大公因数"你想知道些什么？

生1：我想知道最大公因数是最大的因数吗？它和因数有什么不一样？

生2：什么是最大公因数呢？（板书：是什么）

生3：我想知道怎么找最大公因数。（板书：怎么找）

生4：我想知道为什么要找最大公因数。

生5：我也想知道找最大公因数有什么用。（板书：有何用）

师：同学们都能主动提出自己的疑问，真好！今天这节课，就让我们带着这些问题，一起来探究"找最大公因数"。

[思考]

从大问题入手，基于学生心中的疑问展开教学，激发其探究欲望和学习积极性。同时，引发学生主动联想新的知识和以前学过的知识有什么不一样，学习新的知识对后续学习有什么作用，即以学生的求知之线串联起本节课的学习内容。

二、自主探究，建构新知

（一）找一找，说一说

1. 找因数。

找一找：找出 12 和 18 的全部因数。说一说：你是怎么找的？

（学生独立完成后与同伴交流，教师巡视，了解学情）

生1：我是通过把 12 写成一个乘法算式来找的。12 = 1×12，所以 1 和 12 是 12 的因数。12 = 2×6，所以 2 和 6 是 12 的因数。12 = 3

×4，所以 3 和 4 是 12 的因数。因此，12 一共有 6 个因数，分别是 1、2、3、4、6、12。

（教师板书：12 的因数：1、2、3、4、6、12）

生 2：我来补充。我也是用这样的方法找的，找到 18 的因数有 1、2、3、6、9、18。

（教师板书：18 的因数：1、2、3、6、9、18）

生 3：我是想除法来找的。12÷1＝12，所以 1 和 12 是 12 的因数。12÷2＝6，所以 2 和 6 是 12 的因数。12÷3＝4，所以 3 和 4 是 12 的因数。

生 4：我的想法和他一样。18÷1＝18，所以 1 和 18 是 18 的因数。18÷2＝9，所以 2 和 9 是 18 的因数。18÷3＝6，所以 3 和 6 是 1 的因数。

教师根据学生的回答，相应板书如下：

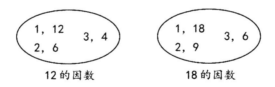

12 的因数　　　　　　18 的因数

生 5：我发现同学们有的根据乘法算式找因数，有的根据除法算式找因数，在找的过程中都关注到一对一对地找。

师：真善于观察！是啊，有序思考是个好办法，能帮助我们做到不重复、不遗漏。

2. 找相同因数（公因数）。

（1）找一找：12 和 18 相同的因数有哪几个？说一说：你是怎么找的？

师：观察 12 和 18 的因数，找一找它们有哪些相同的因数。先独立思考，有想法后在小组内交流。

（学生交流讨论，教师巡视指导）

师：谁来分享一下你是怎么找的？

生1：（学生边圈边说）通过观察，我发现：12和18的因数里都有1、2、3、6，所以12和18相同的因数有1、2、3、6。你们还有什么补充或疑问吗？

生2：你为什么不圈4？

生3：4是12的因数，但是18的因数里没有4，所以不圈。

（发出疑问的学生点了点头，坐下了）

生4：我是这样找的：我只要看12的因数中有哪些是18的因数，就把它们圈出来。

师：谁听懂了她的意思？

生5：（在黑板上边画边说）你们看，在12的因数里，1是18的因数，圈起来；12不是18的因数，不圈；2是18的因数，圈起来；6是18的因数，圈起来；3是18的因数，圈起来；4不是18的因数，所以不圈。

师：有什么疑问吗？

生6：我不同意他的想法。找12和18相同的因数，怎么可以只在12的因数里找呢？

生7：我是这样想的，12和18相同的因数，一定首先得是12的因数，所以可以先写出12的所有因数，再一个一个查看它们是不是18的因数。如果是，那它就是12和18相同的因数；如果不是，那它就不能算是12和18的相同因数。

生8：听他这么一说，我想到我们也可以先写出18的所有因数，再一个一个查看它们是不是12的因数，把符合的圈起来，就是

12 和 18 相同的因数。

师：同意他们的说法吗？

生：（齐答）同意。

（2）比一比：对比不同找法之间的联系和区别。

师：对比这两种找法，你更喜欢哪一种？

生1：我喜欢第一种方法，分别列出两个数的所有因数，再找相同的部分，比较不会遗漏。

生2：我更喜欢第二种，只要列出其中一个数的因数，就能判断有哪些是它俩的相同因数。

生3：我也喜欢第二种，第二种比较简洁。

师：虽然方法不同，但找出的相同因数是一致的，我们可以根据实际情况灵活选择查找的方法。

[思考]

放手让学生独立找出 12 和 18 的所有因数，唤醒他们用不同方法找因数和用不同表现形式写出因数的先前经验；然后，学生尝试独立找出 12 和 18 相同的因数，并进行交流，从呈现一一列举法寻求两个数的公因数和最大公因数，到领悟从一个数的因数中找另一个数的因数的方法，倡导思考方法的多样化，且在对比中体验优化思想，感受数学思考的魅力。

（二）认一认，填一填

1. 认一认：明晰公因数与最大公因数的概念。

2. 填一填：依据概念写出 12 和 18 的公因数、最大公因数。

师：请同学们打开课本第 77 页，自学"认一认，填一填"。

（学生独立填写后汇报交流）

生1：和我刚才猜想的一样。12 和 18 相同的因数，是它们的公因数，其中最大的一个是它们的最大公因数。

生2：12和18相同的因数是1、2、3、6，也就是12和18的公因数有1、2、3、6，其中最大的是6，所以12和18的最大公因数就是6。

（三）看一看，想一想

1. 看一看：出示淘气的表示方法，学生独立观察。

2. 想一想：你能看懂吗？看懂了什么？

师：淘气是用下面的方法表示的，你能看懂吗？看懂的同学可以在小组内交流一下。

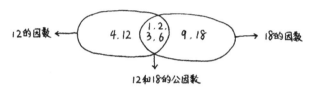

（学生小组讨论交流，教师巡视指导）

3. 议一议：讨论交流，明确集合图中每一部分表示的含义。

师：谁愿意上来分享你的想法？

生1：（学生边圈边说，如下图所示）左边这个圈表示的是12的全部因数，右边这个圈表示的是18的全部因数，中间这个圈表示12和18的公因数。

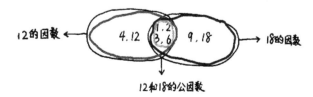

师：同学们有问题想问他吗？

生2：（一脸疑惑）为什么要把1、2、3、6写在两个圈拉拉手的地方？

生3：我来回应他，因为1、2、3、6既是12的因数，又是18的因数，也就是它们的公因数，所以写在中间，代表是公共的。

生4：我还有疑问。为什么左边的4和12，右边的9和18不写到中间？

生5：左边的4和12只是12的因数，但不是18的因数，不能写到中间；右边的9和18只是18的因数，并不是12的因数，所以也不能写到中间。

生6：我还是觉得不太对。1、2、3、6既是12的因数，也是18的因数，应该要添上去，为什么最左边和最右边都没写？（冲上去补写上了下图中左、右两边的1、2、3、6）

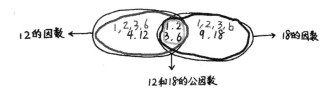

生7：我不同意。你们看，左边这个圈（学生重新描了一下代表12的因数那个圈）已经包含了1、2、3、6。右边这个圈（学生重新描了一下代表18的因数那个圈）也已经包含了1、2、3、6，所以没必要再重复写一遍。

生8：这样写比较简洁。

生：（齐点头）

师：谁能梳理咱们刚才的思路？（结合学生的回答，课件进行动画演示）

生9：左边这个圈里包含了12的全部因数，右边这个圈里则包含了18的全部因数。两个圈相交的部分表示12和18的公因数有1、2、3、6。

生 10：我还有补充。左边圈里的 4 和 12 表示的是 12 独有的因数；右边圈里的 9 和 18 表示的是 18 独有的因数。还有，刚才他说中间相交的部分是 12 和 18 的公因数，我们还能看出其中 6 最大，所以 6 就是 12 和 18 的最大公因数。

师：经过这样一番交流，大家的思考一步步走向深刻，完全读懂了这个集合图。

[思考]

依托先前活动经验，梳理、提炼出公因数和最大公因数的概念，并填写出 12 和 18 的公因数和最大公因数。至此，学生经历了"找因数→找公因数→找最大公因数"的全过程，亲身体验概念的形成过程，从而达成其意义建构。最后，通过读懂集合图并分享想法的方式，借助文字语言与图形语言的相互转换和表达过程，促进学生进一步理解公因数和最大公因数的含义，感悟集合思想。

三、拓展延伸，深化认知

1. 任选 1~100 中的两个自然数，找一找它们的公因数和最大公因数。

师：同学们，以前我们会找每个数的因数，通过今天的学习，我们学会了找两个数的公因数和最大公因数。请你任选 1~100 中的两个自然数，找一找它们的公因数和最大公因数，在学习单上做一做。

(1) 学生独立完成后在小组内说说自己的想法。

教师巡视指导，有意识地收集学生选的"有特征的两个数"。

(2) 全班交流，发现找有特征的两个数最大公因数的特殊方法。

师：（展示学生作品 1）请这位同学来分享他的想法。（略）

任选1～100中的两个自然数，找一找它们的公因数和最大公因数。

我选的是（20）和（30）。

（20）和（30）的公因数有：1、2、5、10   .

（20）和（30）的最大公因数是：10   .

我是这样找的：

20的因数 ← 4、20   1、2、5、10   3、15、6、30 → 30的因数

↓
20和30的公因数

师：（展示学生作品2）谁读懂了他的想法？（略）

任选1～100中的两个自然数，找一找它们的公因数和最大公因数。

我选的是（18）和（36）。

（18）和（36）的公因数有：1、2、3、6、9、18   .

（18）和（36）的最大公因数是：18   .

我是这样找的：

18：1、2、3、6、9、18
36：1、2、3、4、6、9、12、18、36

师：（展示学生作品3）你们有问题想问他吗？（略）

任选1～100中的两个自然数，找一找它们的公因数和最大公因数。

我选的是（13）和（14）。

（13）和（14）的公因数有：1   .

（13）和（14）的最大公因数是：1   .

我是这样找的：

1、13
13的因数

师：老师还收集了其他同学选取的数，一起来看看。

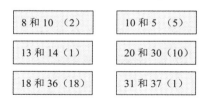

8和10（2）	10和5（5）
13和14（1）	20和30（10）
18和36（18）	31和37（1）

师：仔细观察每组中的两个数以及它们的最大公因数。如果请

你来分类，怎么分？在小组里说说你的想法和发现。

生1：我是这样想的，10是5的倍数，36是18的倍数，所以把它们分为一类。

生2：我有补充，当两个数存在倍数关系时，它们的最大公因数就是这两个数中较小的那个。

生3：10和5有倍数关系，它们的最大公因数是5。

生4：我有补充，两个数之间是倍数关系的，它们的最大公因数是那个比较小的数。

师：你们也是这样想的吗？是的话，再举个例子验证一下吧！

生5：30和60的最大公因数是30。

生6：25和75的最大公因数是25。

生8：200和1000的最大公因数是200。

师：其他算式又该如何分类呢？

生9：13和14，31和37，这两个算式分为一类，因为它们的最大公因数都是1。你们同意我的分法吗？

生10：同意。13和14是相邻的自然数，它们的最大公因数是1。15和16也是相邻的自然数，它们的最大公因数也是1。

生11：我想了很多个例子来验证，发现两个相邻自然数的最大公因数是1。

生12：我也举例子验证了，不只31和37的最大公因数是1，11和19的最大公因数也是1。看来，两个不同质数的最大公因数都是1。

生13：那还有没有其他特殊情况下两个数的最大公因数也是1呢？

生：（齐安静不语）

……

生14：1和任何自然数的最大公因数都是1。

生15：两个连续奇数的最大公因数也是1，比如13和15、27和29。

生16：如果两个数当中，一个是质数，另一个是合数，而且没有倍数关系，那么它们的公因数就只有1了，这种情况下的两个数最大公因数也是1。

生：（齐鼓掌）

教师结合学生的回答适时板书：

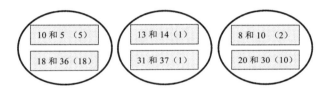

师：真善于思考！最大公因数是1的特殊情况比较多，同学们课后可以继续研究。大家发现了找有特征的数的最大公因数的方法，就可以帮助我们快速得出结果了。

2. 写出下列分数分子和分母的最大公因数。

$\dfrac{6}{12}$（　　　）　　　　　$\dfrac{21}{22}$（　　　）

$\dfrac{12}{15}$（　　　）　　　　　$\dfrac{3}{18}$（　　　）

学生独立完成后交流想法。

[思考]

第一题设计了综合性强的开放题，既进一步巩固找两个数的公因数和最大公因数的方法，又对找有特征的数的最大公因数的特殊方法有所体验，即讨论了具有倍数关系、互质关系的两个数的最大公因数问题，为后续解决最大公因数相关问题提供更灵活便捷的选择，促进学生思维的灵活性、变通性。第二题意在让学生感受找公因数和最大公因数的应用，为学习约分做铺垫。

四、回顾反思，梳理总结

师：通过今天的学习，你有什么收获？还有什么疑问？

[思考]

结合学生课伊始所提出的问题对学习历程进行回顾和梳理，既有利于学生将所学纳入原有认知结构，实现知识体系的逐步完善，又有效促进学生自我反思的意识与能力的进一步提升。

【课后思考】

一、问题驱动，引发学生深度思考

《义务教育数学课程标准》曾从"知识技能""数学思考""问题解决""情感态度"四个方面具体阐述课程目标，数学思考的真正发生和不断深入对目标的整体实现起着至关重要的作用。基于疑问展开数学思考是数学学习真正的开始，课始，学生带着"是什么""怎么找""有何用"三个问题开启探索之旅。随后是递进式核心问题的引领："12 和 18 相同的因数有哪几个？你是怎么找的？""你看懂淘气的表示方法了吗？看懂了什么""任选 1～100 的两个自然数，找一找它们的公因数和最大公因数"。学生基于已有知识经验，主动投入探究活动，在广阔的思维空间里，不断形成有价值的认识，进而在交流中形成并完善观点，丰实对公因数和最大公因数内涵的认知。

二、以思助达，驱动学生深度说理

以找出 12 和 18 的因数为例，找因数→找公因数→找最大公因数→用集合图表示，学生在每一个环节都充分经历与同伴交流的过程。教师把课堂还给学生，以教师的"退"成就了学生的"进"。积极创设多维交流平台，"谁愿意来分享一下你的想法""谁听懂了她的想法""你有问题想问他吗"……通过大胆的放手、留白、等待，给予学生独立思考问题的时间、展露自身想法的舞台、倾听他人表达的空间、相互补充完善的契机、自主获取感悟的可能等，学生与学习材料、与教师、与同伴的真实、多向互动，让数学学习趋向深入，让认知建构富有深度。

三、对比辨析，推进学生深度认知

在找因数时，对比辨析不同的方法、不同的表现形式。在找相同因数时，对比辨析不同找法之间的联系和区别。在读懂集合图时，对比辨析各个部分表示的不同含义。在发现找最大公因数的特殊方法时，对比辨析数与数之间的不同特征。历经数度对比辨析，数学思考层层深入，认知建构逐步完善。

如此，在核心问题引领下，感知、思考和表达于教与学的过程中以思为核心相互联系、相互渗透、循环交互，让学习真正发生，让课堂充满生长的力量！学生习知识、悟方法、蓄经验、悦身心，实现学习目标的整体达成，获得学科素养的内化与提升。

课例 4：长方体的体积

【课前思考】

"长方体的体积"是北师大版五年级下册的学习内容。学生在第一学段直观地认识了长方体、正方体，并学习了长方形、正方形等平面图形以及它们周长和面积的计算；在五年级下册学习了长方体、正方体的特征及表面积；在本单元已初步理解体积和容积的概念，认识体积、容积单位。本课探索长方体、正方体体积的计算方法，是学生形成体积概念、掌握体积的计量单位和计算各种几何体体积的基础。在日常生活中，学生积累了对图形世界的感知、表象和思考，构成了较为丰富的生活经验背景，可直观比较物体体积大小。在既往学习历程中，学生于二年级经历用不同方式测量物体的长度，初步掌握测量的方法；于三年级掌握测量面积的方法，初步理解测量的本质；于四年级积累角的度量测量经验，体会测量方法的多样性；于五年级丰富多边形的面积测量经验，深化对测量本质的理解，还初步建立体积和体积单位的表象，渗透测量体积的方法。本课将为后续实现测量知识与经验的迁移、转化，解决圆柱与圆锥体积计算等新问题夯实基础。

通过前测发现，尽管有的学生已经知道"长方体的体积＝长×

宽×高"，但大多数学生并没有真正理解公式背后的道理。长方体在学生的头脑中尚未"立"起来，体积的表象有待深入形成，还需结合操作、想象、思考等活动经历"直观—半抽象—抽象"的过程，从而实现对体积测量实际意义的认知建构。因此，本课教学着重思考以下两个问题：其一，如何依托观察、操作、想象、推理等数学活动引领学生理解和感悟体积测量的过程与方法？其二，如何帮助学生构建长方体的空间大小，提升量感，进一步发展空间观念？

【课堂实录】

一、唤醒经验，建立联想

1. 忆一忆：长方形的面积与什么有关？

生1：长方形的面积跟它的长和宽有关。

生2：长方形的面积＝长×宽。

生3：长越长，面积越大；宽越长，面积也越大。

2. 想一想：长方体的体积可能与什么有关？

生1：长方体的体积可能也是与它的长、宽、高有关。

生2：长、宽、高越大，体积就越大。

[思考]

找准学习切入点，借助回望既往学习，在问题引领下唤醒学生原有认知，进而从平面联想到立体，为实现从二维到三维的方法与经验迁移及拓展搭建思维的"脚手架"。

二、自主探究，建构新知

（一）感知长方体的体积与什么有关

1. 看一看：仔细观察长方体的动态。

课件呈现长方体（AR资源，可互动），教师拉动长方体的一条长，长方体的体积变化可视。

生：（很激动，伸长了脖子看）

2. 说一说：什么不变？什么变了？

生1：长方体的宽和高不变，长变了，体积也跟着变了。

师：你也想上来试着拉一拉吗？

生2：（到讲台来回拉动课件中长方体的一条宽）什么不变，什么变了？

生3：长和高不变。宽变大，长方体的体积就变大；宽变小，长方体的体积也变小。

生4：不用拉动，我能想象。如果长和宽都不变，高变大，长方体的体积就变大；高变小，长方体的体积也随着变小。

师：好样的！想象也是一种重要的学习方式。

[思考]

充分利用AR技术直观展现长方体的长、宽、高分别变化时引起体积的变化，让学生在生动、有趣的氛围中切身感知长方体的体积与其长、宽、高都有关，从而产生猜想。

（二）探索长方体体积的计算方法

1. 猜一猜：长方体的体积与长、宽、高有什么关系？

生1：长方体的体积＝长×宽×高

生2：我同意他说的，我也认为长方体的体积＝长×宽×高。

师：你是怎么知道的？

生3：我根据长方形的面积计算公式猜测的。

生4：我在课外书上看到的。

师：长方体的体积真的等于长×宽×高吗？为什么呢？

生：（集体沉默，陷入思考）

2. 做一做：摆、想、记、说，验证你的猜想。

学生借助学习单（如下图所示）自主探究，教师巡视，与学生交流。

探究要求：

① 摆：同桌合作，用棱长为1cm的小正方体摆不同的长方体。

② 想：你们的长方体是怎么摆的？并把数据填入学习单。

③ 说：与同伴说说"你发现了什么？"

	每排个数	排数	层数	小正方体数量/个	体积/cm³
第1个长方体					
第2个长方体					
第3个长方体					

3. 说一说：学生表达自己的思考过程。

教师展示两个小组摆好的长方体，请学生说一说长方体的摆法，并记录数据。

生1：我们是每排摆3个，摆2排，有这样的3层，用了18个小正方体，体积是18cm³。

生2：我来补充我们小组的观点。因为每个小正方体的体积是1cm³，有18个小正方体，体积就是18cm³。

生3：我们是每排摆5个，摆2排，只有1层，用了10个小正方体，因为每个小正方体的体积是1cm³，所以体积是10cm³。

师：谁听懂了他们小组的想法？

生4：他们只摆1层，因为每排有5个，摆2排，所以用了10个小正方体。每个小正方体的体积是1cm³，这个长方体的体积就是10cm³。

（教师展示学生摆好的第三个长方体）

师：谁看懂这个长方体是怎么摆的？

生5：这个长方体每排摆5个，摆了3排，共2层，用了30个小正方体，体积是 30cm³。

生 6：我也看懂了，5×3 = 15（个），摆 1 层用了 15 个小正方体，摆 2 层一共用了 30 个小正方体，所以这个长方体的体积是 30cm³。

4. 理一理：归纳出长方体体积的计算方法，并用字母表示。

师：除了这三组数据之外，同学们还摆了很多不同的长方体。刚才同学们观察了表格中的数据，并在小组内讨论，你发现了什么？

生 1：每排个数×排数×层数 = 小正方体数量。

生 2：小正方体的数量与体积相等。

师：你是怎么想的？

生 3：每个小正方体的体积 1cm³，有几个这样的小正方体，体积就是几立方厘米。

生 4：每排个数就是长方体的长，排数就是长方体的宽，层数就是长方体的高。

师：指着这个长方体（上述中展示的第三个长方体）再说一说。

生 5：看，每个小正方体的棱长是 1cm，这里每排 5 个，1、2、3、4、5（边指边数），长就是 5cm，摆 3 排，1、2、3（边指边数），宽就是 3cm，共 2 层，高也就是 2cm。所以每排个数就是长方体的长，排数就是长方体的宽，层数就是长方体的高。

生 6：（指着长方体）那我知道了，用"长×宽×高"算出了小正方体的数量，也就是在计算长方体的体积，所以"长方体的体积 = 长×宽×高"。

生 7：我也明白了，"每排摆几个"就是长方体的长，"摆几排"就是长方体的宽,"有几层"就是长方体的高。因为每排个数×排数×层数就是所用小正方体的个数,所以长×宽×高算出的就是长方体的体积。

师:看来你们真正理解"长方体的体积=长×宽×高"的道理了。

[思考]

很多学生在课前就已经知道长方体的体积计算公式了,但是大部分都是知其然而不知其所以然。如何让学生形成真实的体验和感悟,是建构新知的关键。如上,在验证猜想的过程中,引导学生从已有知识和经验出发,通过观察、操作、想象、比较、推理等活动,自主经历长方体的体积计算公式的探索与发现,感受数学知识的形成过程,在获取知识的同时,积累广泛的数学活动经验,发展数学思考。

(三) 探索正方体体积的计算方法

1. 读一读:学生带着问题自主阅读教材。

2. 说一说:与同伴交流"你读懂了什么"。

3. 议一议:为什么"正方体的体积=棱长×棱长×棱长"?

生1:举个例子,比如摆一个棱长为4厘米的正方体,每排摆4个,摆4排,共4层,4×4×4=64(个),一共用了64个小正方体,每个小正方体的体积是$1cm^3$,所以正方体的体积就是$64cm^3$。

生2:我是用推理的,正方体是特殊的长方体,正方体的棱长相当于长方体的长、宽、高,因为长方体的体积=长×宽×高,所以正方体的体积=棱长×棱长×棱长。

生3:我觉得他们俩都说得很好。我尤其喜欢第二种方法,因为这样很快又很酷。

师：同学们通过自学与交流，找到了知识间的联系，从而推理得出新的结论，能够举一反三是很了不起的呢！

[思考]

学生经历自主阅读教材、分享学习所得、阐述自身想法的过程，于数学阅读、数学思考与数学表达的相互交融中达成对正方体体积计算方法的意义建构，发展合情推理能力。与此同时，感受长方体、正方体体积计算公式的一致性，加深对体积测量方法本质的理解。

三、巩固练习，深化认知

1. 练一练：独立完成教材第 42 页"练一练"第 3 题，并说说自己的想法。

2. 想一想：想象淘气摆的可能是一个什么样的长方体。

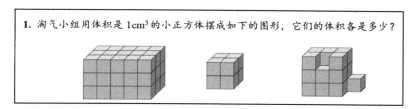

1. 淘气小组用体积是 1cm³ 的小正方体摆成如下的图形，它们的体积各是多少？

师：班级开展"你说我做"的活动。淘气小组用体积是 1cm³ 的小正方体摆成如下的图形，它们的体积各是多少？独立完成，然后与同桌说说你是怎么想的。

学生独立完成后进行集体交流汇报。（略）

用体积是 1cm³ 的小正方体摆长方体。

你能想象我摆的长方体的样子吗？体积是多少呢？

师：淘气也摆了一个长方体，你能想象他摆的长方体的样子吗？体积是多少呢？

生：淘气摆这个长方体的时候，每排摆3个，摆2排，这样一层有6个，共2层。

生：它的长3cm、宽2cm、高2cm，体积是3×2×2＝12（cm³）。

（教师去掉遮挡物，学生验证自己的想法是否正确）

师：（指着淘气摆的长方体）笑笑也摆了一个体积和它一样的长方体，你能想象出笑笑是怎样摆的吗？

（教师将根据学生的回答，呈现相应的长方体）

生：可以是每排4个，摆3排，只有1层。

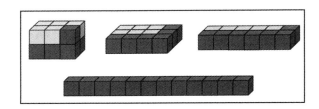

生：每排6个，摆2排，也是只有1层。

生：也可以是一排12个，1排，1层。

生：还可以摆长3cm、宽2cm、高2cm的长方体，就是和淘气一样的。

师：观察这些长方体，它们有什么相同点和不同点？

生：这些长方体的样子各不相同，但是它们的体积都是12cm³。

生：虽然这些长方体的长、宽、高有所不同，它们的样子不一样，但是它们都是由12个小正方体组成的，所以体积都是12cm³。

生：看来，长、宽、高各不相同的长方体，它们的体积有可能是相等的。

[思考]

第 1 题重在让学生说清楚自己的想法，巩固对体积测量过程与方法的本质理解。第 2 题重在让学生架构长方体体积的空间表象，发展空间观念。基础练习与拓展深化递进呈现，适时追问与对比辨析交替进行，既让不同学习水平的学生都获得展示和发展的机会，又有利于进一步加深其对知识的理解与内化。

四、回顾反思，梳理提升

1. 比一比：测量线段的长度、长方形的面积、长方体的体积，在方法上有什么相同的地方？

师：我们在二年级时学习了测量线段的长度，三年级时学习了度量长方形的面积。想一想，度量线段的长度、长方形的面积、长方体的体积的方法有什么相同之处？

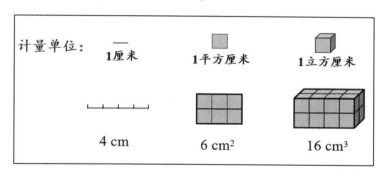

生：线段是用一段段小线段量的，面积是用一个个小正方形量的，体积是用一个个小正方体量的。

生：我补充他的说法，量线段的长度就是看它有几个 1cm，测量长方形的面积就是看它有几个 $1cm^2$，测量长方体的体积就是看它有几个 $1cm^3$。

生：其实都是在数，数一数有几个 1cm、$1cm^2$ 或 $1cm^3$。

师：像这些单位，我们都称作计量单位。

生：度量线段的长度、长方形的面积、长方体的体积，其实都是在数它有几个相应的计量单位。

师：同学们能从不同阶段所学习的知识中看到它们相同的本质，很有数学的眼光！

2. 谈一谈：通过这节课的学习，你有什么收获？

[思考]

"比一比"，借助对比、沟通、深入思考的过程，让学生实现经验的打破与重组，主动将所学纳入原有的认知结构，从而在脑海中逐步形成系统化、结构化的数学知识体系，且学会用联系的眼光看待知识或事物，获得可持续学习能力的发展。"谈一谈"，为学生提供反思自己学习的机会，总结有效的学习方法，实现自我指导与调控，并促进自我反思的意识与能力的进一步提升。

【课后思考】

"量感"是《义务教育数学课程标准（2022年版）》提出的学生数学核心素养表现之一，建立量感有助于养成用定量的方法认识和解决问题的习惯，是形成抽象能力和应用意识的经验基础。"数起源于数，量起源于量。""数"与"量"是不可分割的，学生构建长方体的空间大小，离不开实际"度量"的过程性体验，离不开基于度量本质对其体积计算方法的推演过程，也离不开与长度、面积测量方法与经验的共融、联通。

一、加强操作，深化对"量"的体验

课始设疑，为什么长方体的体积等于长×宽×高？动手摆一摆成了学生说清计算公式背后道理的内在需求。基于已有测量经验，学生主动展开用小正方体摆长方体的活动，探索长方体体积的计算方法。在此过程中，棱长为 1cm 的小正方体在学生手中俨然已从一个实物变身为一个探究工具、一个测量单位，他们借助实践操作为空间想象提供了鲜活的表象支撑，令知识本质在思辨说理中变得可触可感，让自己在知"法"的同时明"理"，深度理解知识，直达知识的核心。

二、展开想象，增强对"量"的感悟

依托"你说我做"的活动情境，想象淘气摆的可能是一个什么样的长方体，呈现的图形从"完全暴露"到"关键展示"，解决问题的方式从单纯的计算走向获取信息、分析推理。想象笑笑摆的可能是一个什么样的长方体，呈现的图形从"关键展示"到"看不见、摸不着"，解决问题的方式又从较为简单的推理导向多维联想、勾连感悟。在此过程中，既巩固对体积测量过程与方法的理解，又有效架构长方体体积的空间表象，发展空间观念。

三、对比沟通，深化对"质"的辨析

本课经历三次对比沟通：其一，由"长方形的面积与长和宽有关"猜想"长方体的体积可能与长、宽、高有关"，建立起新知识和已有经验之间的联系。其二，由长方体的体积计算方法类比推理正方体的体积计算方法，实现对认知框架的有机补充。其三，将长度、面积和体积测量的方法进行对比沟通，聚焦度量的本质，找出知识间的共性，感悟计量单位的累加。通过对比和沟通，学生于联系中走向对知识的深刻理解，在迁移中创造，推动思维进阶。

课例 5：分数的意义

【课前思考】

"分数的意义"是人教版五年级下册的学习内容。学生在既往数学学习中，借助直观的图形，初步认识了几分之一、几分之几；能读、写简单的分数；比较两个同分母分数的大小，会进行简单的同分母分数的加、减法。通过操作活动，知道把一些物体看作一个整体平均分成若干份，其中的一份或几份也可以用分数表示，能解决简单的实际问题。在日常生活中，学生积累大量分物、测量的经验，构成了学习分数的比较丰富的经验基础。在既往的学习中，学生于三年级时，结合生活情境，借助集合直观和操作，从"把一个物体看作整体"到"把多个物体看作整体"，循序渐进地加深对分数所表达的"部分—整体"关系的认识。

通过前测发现，大部分学生对于分数的理解仅限于把一个物体平均分成若干份，其中的一份或几份可以用分数表示，即用面积的"部分—整体"表示分数。对于把几个物体看作单位"1"，用集合的"子集—全集"来表示分数，需要学生有更高程度的抽象能力。小学高年级学生的抽象逻辑思维在很大程度上还需要直观形象思维的支撑。因此，在教学中，要适当加大思维的形象性，化抽象为具体、直观。本课教学着重思考以下两个问题：其一，如何依托大问题引领学生经历具体到抽象的过程，从而建构分数的意义？其二，如何紧扣"计数单位"这一核心要素，体会整数、小数、分数概念的一致性，并进一步发展数感？

【课堂实录】

一、谈话引入，揭示课题

（课件出示学生初识自然数时的教材图片）

师：（手指图片）同学们，我们知道古人由于计数的需要，创造了自然数。

师：分数又是怎样产生的呢？你能结合这两个生活情境试着说一说吗？

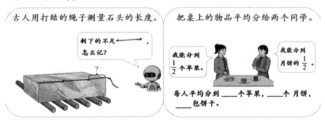

生1：古人用打结的绳子测量石头的长度，剩下的不足一段，没法再用 1 来表示，这时就需要分数来表示。

生 2：比如把一段绳子平均分成 4 份，剩下的刚好有这样的 3 份，那么剩下的部分就可以用 $\frac{3}{4}$ 来表示。

生 3：把 1 个苹果平均分给两个同学，分得的结果是每人得不到 1 个，每人只能得到 $\frac{1}{2}$ 个苹果。

生 4：把 1 个月饼平均分给 2 个同学，也就是说把 1 个月饼平均分成 2 份，每人得到 1 份，每人分到的就是这个月饼的 $\frac{1}{2}$。

生 5：也就是说，生活中没办法得到完整 1 份的时候，就需要用分数来表示，所以产生了分数。

师：是的，人们在测量、平均分物或计算时，有时得不到整数的结果，这时就产生了分数。

[思考]

从自然数的产生入手，亲切自然，利于学生在原有的数系概念背景下扩充对分数的认识。结合教材中古人度量物体长度时遇到的困惑以及 2 个小朋友分 1 个苹果、1 块月饼和 1 包饼干的情境，引发学生思考：人们为什么要创造分数？从而体会产生分数的现实需要，为理解分数的意义提供感性支撑。

二、自主探究，建构新知

(一) 认识单位"1"

1. 学生举例说明 $\frac{1}{4}$ 的含义，并交流想法。

师：你能举例说明 $\frac{1}{4}$ 的含义吗？在学习单上画一画、涂一涂或写一写。

2. 展示交流。

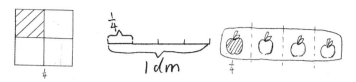

生1：我把1个正方形平均分成4份，每份是这个正方形的$\frac{1}{4}$。

生2：我把1分米长的线段平均分成4份，每份是这条线段的$\frac{1}{4}$。

生3：我把4个苹果平均分成4份，1份是这些苹果的$\frac{1}{4}$。

生4：我不同意，4个苹果平均分成4份，每份是1个苹果，不能用$\frac{1}{4}$表示。

生5：可以把4个苹果看成一个整体，平均分成4份，每份就是这个整体的$\frac{1}{4}$。

生6：我也同意他的说法。4个苹果已经被看成一个整体了，平均分成4份后，每份都是这个整体的$\frac{1}{4}$。

3. 比一比：这些表示方法各不相同，为什么都能说明$\frac{1}{4}$的含义？

师：对比观察这些作品，它们有什么相同和不同之处呢？

生1：都是把一个整体平均分成4份，表示其中的1份。

生2：平均分的对象不一样，第一图是把一个正方形平均分，第二图是把一条1分米长的线段平均分，第三图是把4个苹果看成一个整体，再平均分。

4. 理一理：归纳单位"1"的含义。

师：看来，不仅可以把一个图形、一个计量单位看成一个整体，还可以把一些物体看成一个整体。一个整体可以用自然数 1 来表示，记作单位"1"。

[思考]

学生既往对分数的学习停留在感性认知基础上的活动经验积累。在本环节中，依托对 $\frac{1}{4}$ 的个性化表征，唤醒学生已有知识经验，以课堂生成资源为载体，顺应学生的已有认知找准新知的生长点，通过引导他们对多种表示方法的对比，感知被平均分的对象是十分广泛的，基于平均分对象的共同特点抽象出单位"1"的概念，为理解分数的意义做铺垫。

（二）认识分数的意义和分数单位

1. 数一数：交流将多组物体看作单位"1"平均分的过程，数出若干个 $\frac{1}{4}$。

展示学生作品：

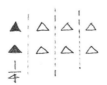

师：谁能看懂这位同学的想法？

生 1：（学生边说边将八个三角形圈起来）他是把 8 个三角形看成单位"1"，平均分成 4 份，每份就是这些三角形的 $\frac{1}{4}$。

师：在这幅图中，你还能找到哪些分数？

生2：还能找到 $\frac{2}{4}$，圈两列就有 2 个 $\frac{1}{4}$，也就是 $\frac{2}{4}$。

生3：把 8 个三角形看成单位"1"，平均分成 4 份，圈出 3 份就是 $\frac{3}{4}$，因为有 3 个 $\frac{1}{4}$。

生4：把 8 个三角形看成单位"1"，平均分成 4 份，4 份就是 4 个 $\frac{1}{4}$，也就是 $\frac{4}{4}$，等于 1。

2.分一分：把一盒糖（12 颗）平均分，写出找到的分数，并和同伴交流想法。

展示学生作品：

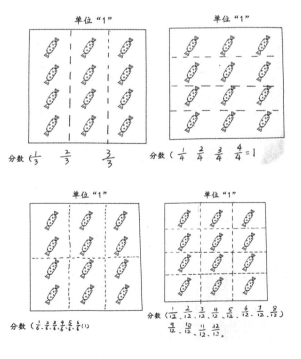

生 1：我把这盒糖看成单位"1"，平均分成 3 份，每份是这盒糖的 $\frac{1}{3}$，2 份是这盒糖的 $\frac{2}{3}$，3 份是这盒糖的 $\frac{3}{3}$。

生 2：我把这盒糖看成单位"1"，平均分成 4 份，每份是这盒糖的 $\frac{1}{4}$，2 个 $\frac{1}{4}$ 是 $\frac{2}{4}$，3 个 $\frac{1}{4}$ 是 $\frac{3}{4}$，4 个 $\frac{1}{4}$ 是 $\frac{4}{4}$。

生 3：我把这盒糖看成单位"1"，平均分成 6 份，每份是这盒糖的 $\frac{1}{6}$，2 份是这盒糖的 $\frac{2}{6}$，3 份是这盒糖的 $\frac{3}{6}$，4 份是这盒糖的 $\frac{4}{6}$，5 份是这盒糖的 $\frac{5}{6}$，6 份是这盒糖的 $\frac{6}{6}$。

生 4：我把这盒糖看成单位"1"，平均分成 12 份，每份是这盒糖的 $\frac{1}{12}$，有这样的几份，就是这盒糖的十二分之几。

3. 说一说：尝试用一句话说一说什么是分数。

师：把一盒糖看作单位"1"，通过平均分，大家找到了这么多分数，也说清楚了每个分数表示的意思。你能试着用一句话说一说什么是分数吗？

生 1：把单位"1"平均分成若干份，表示这样的一份或几份，就可以用分数来表示。

生 2：把单位"1"平均分成若干份，表示这样的一份或几份的数，叫作分数。

4. 找一找：任选找到的一组分数，说一说这组分数的计数单位。

师：整数和小数都有计数单位，分数也有计数单位吗？

师：请你选择一组自己喜欢的分数，说一说在这组分数中，哪个分数是它们的计数单位，为什么？

生1：我选的是第一组分数。我认为 $\frac{1}{3}$ 是这组分数的计数单位，因为 2 个 $\frac{1}{3}$ 组成 $\frac{2}{3}$，3 个 $\frac{1}{3}$ 组成 $\frac{3}{3}$，后面的分数都可以由几个 $\frac{1}{3}$ 组成。

生2：在四分之几的这组分数中，$\frac{1}{4}$ 是计数单位，因为无论是四分之几，都可以由若干个 $\frac{1}{4}$ 叠加得到。

生3：我选分母是 6 的这组分数，它们的分数单位是 $\frac{1}{6}$，因为没有 $\frac{1}{6}$ 就没有其他分数。

生4：我有补充。$\frac{1}{6}$ 就像一个基础，通过 $\frac{1}{6}$ 的不断累加，就可以得到分母为 6 的其他分数。

生5：最后一组分数的分数单位是 $\frac{1}{12}$，其他分数都由 $\frac{1}{12}$ 累加而来。

生6：我发现，分子为 1 的分数都是分数单位，其他分数都是由分数单位累加而来的。

师：同学们真会观察，结合整数、小数的学习经验，找到了分数的计数单位，还发现了分数都可以由它的分数单位累加得到。

[思考]

将多组物体看作单位"1"是学生理解分数意义的认知难点，

通过对课堂生成的作品资源进行辨析交流予以突破。分数单位是学生建构分数意义的着力点，在新课伊始就引领学生经历借助分数单位数出分数的过程，进而在"分糖果"的活动中进一步感悟把单位"1"平均分成若干份可以得到一个分数单位，用这个分数单位可以数出新的分数，顺势达成对分数意义的抽象概括。依托"在这组分数中哪个分数可能是这组分数的计数单位"这一追问，驱动学生深入思考，理解分数由它的分数单位累加而来。在以上一系列数学活动中，发展学生的数感。

三、巩固练习，深化认知

1. 基础性练习：完成教材第 47 页第 1-3 题，并说说自己的想法。

2. 拓展性练习：独立完成教材第 47 页第 4 题，并与同伴交流想法。

师：（边说边用课件动态演示分数墙的形成过程）这是一个长方形，把它看成单位"1"，平均分成若干份，就会得到很多的分数单位，形成一面分数墙。

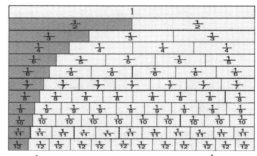

(1) 5个 $\frac{1}{6}$ 组成（　　），$\frac{3}{4}$ 由（　　）个 $\frac{1}{4}$ 组成。

(2) 8个 $\frac{(\ )}{(\ )}$ 组成1，1里面有12个 $\frac{1}{(\ )}$ 。

师：请认真阅读题目的要求，独立完成后，和同伴说一说你的想法。

学生独立完成，教师巡视，了解学生想法。

生1：在这面分数墙上，分数单位有$\frac{1}{2}$、$\frac{1}{3}$、$\frac{1}{4}$……一直到$\frac{1}{12}$。

师：还有吗？

生：(疑惑，沉默)

生2：我觉得有，往下还有$\frac{1}{13}$、$\frac{1}{14}$、$\frac{1}{15}$等。

生3：有无数个分数单位，数也数不清。

生4：我发现平均分的份数越多，分数单位就越小。

生5：我发现，分母越大，1里面包含这种分数单位的个数就越多。比如：平均分成12份，1里面就有12个$\frac{1}{12}$；平均分成8份，1里面就只有8个$\frac{1}{8}$。

生6：我发现要找心里想找的分数，只要先找到它的分数单位在哪里，再看有几个这样的单位，就能数出来了。比如：我先找到$\frac{1}{6}$，数出5个$\frac{1}{6}$就是$\frac{5}{6}$。

生7：我发现，在这面分数墙上可以找到任意的分数。

生8：那你能找到$\frac{4}{13}$吗？

生9：可以的。再拿一个长方形下来，平均分成13份，每份都是$\frac{1}{13}$，4个$\frac{1}{13}$就是$\frac{4}{13}$。

生10：我还有疑问。你能在分数墙上找到$\frac{5}{4}$吗？

生11：（略停顿）可以，（在课件上边涂边数）$\frac{1}{4}$、$\frac{2}{4}$、$\frac{3}{4}$、$\frac{4}{4}$、$\frac{5}{4}$，5 个 $\frac{1}{4}$ 就是 $\frac{5}{4}$。

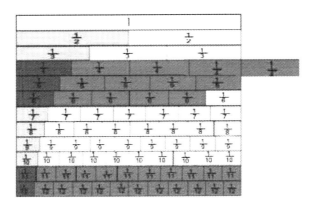

师：是呀，同学们发现了吗？分着分着，就分出了分数单位，数着数着，就数出了分数。

[思考]

基础性练习重在让学生说清楚自己的想法，巩固对分数意义的理解。拓展性练习以蕴含丰富信息的分数墙为载体，进一步感悟分数单位是组成分数的基本单位，深化对分数意义的理解，也为后续知识的学习埋下伏笔，为学生搭建多样化练习平台，促进他们对知识的理解和内化。

四、梳理反思，有效融通

1. 比一比：基于计数单位数出整数、小数和分数，并进行比较。

师：同学们会数数吧？老师把咱们学过的一些计数单位请到数线上，一起来数一数。

学生边数教师边用课件演示：

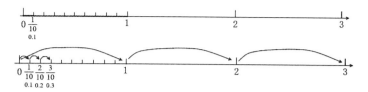

师：数着数着，你有什么发现？

生1：整数、小数、分数都可以通过数计数单位数出来。

生2：我发现整数、分数、小数就像是兄弟姐妹一样，都可以用一个一个的计数单位数出来。

师：是的，这正如我国数学家华罗庚爷爷说的："数，源于用；数，也源于数。"

2.谈一谈：回顾本节课的学习过程，你有什么收获？

生1：我知道了可以把一个图形、一个计量单位、一些物体都看成一个整体，记作单位"1"。

生2：我知道了把单位"1"平均分成若干份，这样的1份或几份，可以用分数来表示，这就是分数的意义。

生3：我认识了分数单位，分数就是分数单位的累加得到的。

生4：我知道整数、小数、分数都可以数出来。

……

[思考]

计数单位是学生建构数的认识与运算知识的核心概念。通过"比一比"沟通分数、小数与整数意义的一致性，感悟它们都是基于若干个计数单位累加的结果，夯实数概念的学习与内化。

五、课后研学，应用提升

应用性练习：找一找生活中的分数，并说说它的单位"1"和分数单位。

[思考]

回归生活应用，运用分数意义的知识解释生活中的分数含义，进一步体会数学与生活的紧密联系，体验数学学习的价值与乐趣。

【课后思考】

《义务教育数学课程标准（2022 年版）》明确提出要让学生感悟数概念及数运算的一致性。其中，"数与运算"这一主题在第三学段的核心概念包括小数、分数和整数具有一致性，都可以看成计数单位的累积，它们的比较大小是相同数位上的数进行比较。课标还在"内容要求"中指出要"结合具体情境探索并理解分数的意义，感悟计数单位"。本课教学紧扣知识本质，促进学生对数概念的建构。

一、直观支撑，以思辨说理促进抽象概括

通过画一画、涂一涂或写一写，举例说明四分之一的含义，借助直观实例感知平均分对象的共同特点，抽象出单位"1"的概念。借助"分糖果"的直观操作，写出自己找到的分数，感悟分数是由它的分数单位累加而来的。依托直观形象为抽象思维提供鲜活的表象支撑，令知识本质在思辨说理中变得可触可感，让学生知其然并知其所以然，进而实现对知识的抽象概括。

二、拓展延伸，去情境化以理解知识本质

以分数墙为载体，动态演示其形成过程，学生通过有序的观察和多角度的交流，发现分数都是由一个一个的分数单位累加而来的。接着，由真分数进一步联想到在分数墙上找假分数，这里形成了一个小小的认知冲突，当学生思维突围的时候，他们就真正理解了分数的本质。最后，由分数墙抽象成线段，再化身为数轴，在去情境化的状态下深化对分数的认知。

三、对比勾联，整体建立数领域的结构观

本课经历三次对比沟通：其一，对比沟通说明$\frac{1}{4}$含义的不同方法，唤醒学生已有经验，抽象出单位"1"的概念；其二，任选找到的一组分数，说一说哪个分数是它们的计数单位，理解分数由它的分数单位累加而来；其三，对比沟通整数、小数、分数的意义，找出知识间的共性，感悟数概念的一致性。综观以上过程，学生在实际生活情境中体会人们度量、分物、计算时往往不能刚好得到整数的结果，所以产生了分数，感受到整数、小数、分数都是源于生活中的计数需求而产生的。最终，学生感悟整数、小数、分数虽有所不同，却有着相同的本质，即都是由计数单位累加而来的，构建数领域的结构观。

课例 6：确定位置（一）

【课前思考】

"确定位置（一）"是北师大版五年级下册的学习内容。学生在第一学段学习了前后、上下、左右等表示物体具体位置的知识，学习了东、南、西、北、东北、东南、西北、西南 8 个方向的知识，在四年级上册还学习了在方格纸上用数对确定位置及简单的路线图等知识，且在日常生活中已经积累了一些确定位置的感性经验，这些知识、经验为他们进一步认识物体在空间的具体位置打下了良好的基础。通过本课学习，他们将认识方向与距离对确定位置的作用，能根据方向和距离确定物体的位置，能描述简单的路线图，在此过程中，丰富对现实空间的认识，感受数学与生活的实际联系，拓展知识视野，进一步发展空间观念。

通过前测发现，尽管学生对于确定物体所在位置已经积累了不少感性认识，但是在基于观测点运用方向与距离描述位置时依然存在很大困难，尤其是当观测点发生变化时，学生容易产生困惑与混淆。因此，本课教学着重思考以下两个问题：其一，如何结合具体情境引导学生进一步掌握用方向与距离确定位置的数学方法？其二，如何引导学生通过在平面图中确定位置体会数学的应用价值？

【课堂实录】

一、创设情境，激趣引入

1. 出示动物园各场馆的分布示意图，学生进行充分的观察。

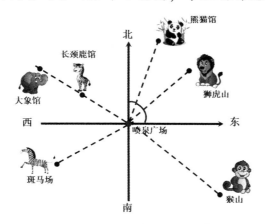

2. 以喷泉广场为观测点，描述各场馆所在方向。

师：以喷泉广泉为观测点，请你运用学过的知识，说一说各个场馆分别在它的什么方向。

生1：长颈鹿馆处在喷泉广场的西北方向。后面还紧跟着大象馆，大象馆也处在喷泉广场的西北方向。

生2：熊猫馆在喷泉广场的东北方向，狮虎山也在喷泉广场的东北方向。

生3：斑马场在喷泉广场的西南方向，猴山在喷泉广场的东南方向。

[思考]

结合实际生活情境激活已有关于8个方向的知识经验，准确定位了新知的生长点，既为生长新知做了铺垫，又有效激起学生学习的欲望，感受到数学与实际生活的紧密联系。

二、自主探究，建构新知

(一) 感知角度在确定方向中的作用

1. 想一想：熊猫馆在喷泉广场的什么方向？

师：同学们说熊猫馆和狮虎山在喷泉广场的东北方向，谁能来指一指"东北方向"指哪个区域？

生 1：（边指边说）指北的右边和东的上面这块区域。

（根据学生的回答，课件动态"扫"出示意图中以喷泉广场为观测点的东北区域）

师：熊猫馆和狮虎山都在喷泉广场的东北方向，它们的具体方向一样吗？

生 2：我觉得他们所处的位置是不一样的，因为熊猫馆离"北"的那条线比较近，而狮虎山离"北"的那条线比较远。

生 3：我也觉得不一样，因为熊猫馆只有和狮虎山处于同一条直线上，才算是位置一样。

生 4：熊猫馆比较靠近喷泉广场的北边，而狮虎山比较靠近喷泉广场的东边。

师：能不能指一指你所说的"靠近"是什么意思？

生 5：（边指边说）熊猫馆离北边这条线的角度比较小，而狮虎山离东边这条线的角度比较小。

师：接下来，我们就以熊猫馆为例来研究人们是如何运用角度描述方向的。

2. 试一试：独立思考后，根据学习单上的要求尝试解决问题。

3. 说一说：学生交流汇报自己的想法。

生 1：我们知道熊猫馆在喷泉广场的东北区域，我量了这个角（边指着学习单中图上的角）的度数是 20°，所以熊猫馆在喷泉广场的东北 20°方向。

生2：我认为熊猫馆在喷泉广场的东偏北 70°方向上，因为熊猫馆在更靠近北的位置。

同时展示学生作品 1、2：

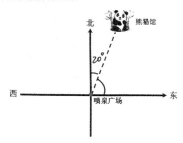

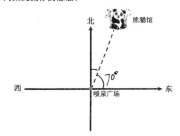

师：对比他们俩的想法，你认为哪种表示方法更好？为什么？

生1：我认为第二种更好，我想问第一位同学你这个"东北 20°"是哪个角？是指东偏北 20°还是北偏东 20°？而第二位同学的表示方法更准确，能让我们知道具体位置。

师：谁听懂了？

生2："东北 20°"可能是偏北也可能是偏东，不确定，如果没有这个图就看不出来了。

（第一位同学主动表示同意同学们的想法）

教师展示学生作品 3：

师：谁又看懂了他的方法？

生3：他量的这个角更靠近"北"的这条线（边指边说），所以是北偏东 20°，和刚才量的那个 70°角不一样。

🐾 熊猫馆在喷泉广场的什么方向？

1. 量：任选熊猫馆的一个角量一量它的度数，标在图上。
2. 想：熊猫馆在喷泉广场的（ **北偏东20°** ）方向。
3. 说：和同桌交流你的想法。

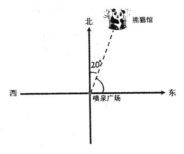

学生作品3

师：（将学生作品2、3放在一起）对比这两种表示方法，你有什么发现？

生4：他们一个是以"北"这条线为基准，量出熊猫馆和它之间的角，量出来是北偏东20°。另一个是以"东"这条线为基准，量出熊猫馆和它之间的角，量出来是东偏北70°。

生5：也就是说他们都是找了一条线为基准，然后量出熊猫馆和它之间的角度。

（课件动态演示"北偏东20°"和"东偏北70°"的旋转过程）

（学生边打手势边说熊猫馆在喷泉广场的什么方向）

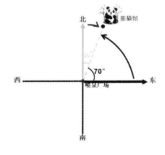

师：虽然他们表达的方式不同，但是都准确地表示出了熊猫馆所在的位置。

（学生像这样说一说狮虎山所在的位置。教师根据学生的需求给出其中一个角的度数）

[思考]

从教材主题情境图中抽取出熊猫馆和喷泉广场的示意图，避免其他因素的干扰，在简洁的背景下突显"观测点"这一要素。通过核心问题"熊猫馆在喷泉广场的什么方向"的引领，学生结合平面图进行自主思考和讨论交流，逐步体会到可以借助相关的两个角度数来描述熊猫馆的具体位置，从而认识到用角度表示任意方向就可以明确两个地点之间的相对位置。

（二）感知距离在确定位置中的作用

1. 想一想：大象馆和长颈鹿馆在喷泉广场的什么方向？

生1：我们只能说出大象馆和长颈鹿馆在喷泉广场的方向，而不能说出它们和喷泉广场的距离。

生2：大象馆和长颈鹿馆在喷泉广场北偏西60°的方向。

2. 辨一辨：两个馆都在喷泉广场北偏西60°的方向上，该如何区分它们的位置呢？

生1：我同意他的想法，可是我们该如何区分它俩的位置呢？

生2：老师，我们需要知道大象馆和长颈鹿馆之间的距离。

生3：我觉得是需要大象馆和喷泉广场之间的距离，以及长颈鹿馆和喷泉广场之间的距离。

生4：给我们大象馆和长颈鹿馆之间的距离也可以，但是需要再给出长颈鹿馆和喷泉广场之间的距离或者大象馆和喷泉广场之间的距离。

（课件给出距离，学生和同桌完整地说一说大象馆和长颈鹿馆在喷泉广场的什么方向）

生5：长颈鹿馆在喷泉广场北偏西60°方向500米处。

生 6：长颈鹿馆在喷泉广场北偏西 60° 方向上，距离喷泉广场 500 米。

生 7：长颈鹿馆在喷泉广场西偏北 30° 方向上，距离喷泉广场 500 米。

生 8：大象馆在喷泉广场北偏西 60° 方向上，距离喷泉广场 1000 米。

生 9：大象馆在喷泉广场西偏北 30° 方向上，距离喷泉广场 1000 米。

3. 议一议：如何确定一个物体的位置？

生 1：先说方向，再说距离。

生 2：说方向的时候还得注意说清楚具体角度。

师：看来，同学们都关注到了确定位置时不仅要说清楚观测点，还要说清楚方向和距离。

[思考]

借助大象馆和长颈鹿馆都在同一方向上的矛盾冲突，产生还要以两地与观测点的距离来区分它们位置的内部需求，感受方向与距离的结合才能准确确定物体的位置，完成了确定位置三要素的构建。引导学生熟练两种表达不同、实质相同的语言描述方式，不仅巩固了确定位置的三要素，又为后续的描述行走路线做好了铺垫。

(三) 变换观测点，确定位置

1. 想一想：参观斑马场后，同学们想去猴山，要怎么走。

2. 说一说：在四人小组内说说你的想法。

3. 理一理：梳理并交流确定物体位置的方法。

生 1：我认为先从斑马场向西偏南 30° 方向走 800 米到达喷泉广场，再从喷泉广场向东偏南 45° 方向走 1500 米到猴山。

生 2：(略显犹豫) 我认为先从斑马场出发，向东偏北 30°方向走 800 米到达喷泉广场，再从喷泉广场向东偏南 45°方向走 1500 米到猴山。

(课堂出现短暂沉默，教师不语)

师：谁想进一步对话？

生 3：(问第一位同学) 你从斑马场出发向西南方向走，你想去哪儿？(边说边画，如下)

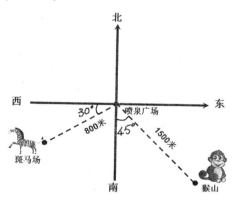

[第一位学生愣了一小会儿。随即，边说边画 (如下)]

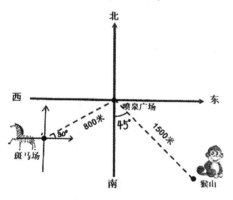

生 1：我找错观测点了。从斑马场出发去喷泉广场，应该以斑马场为观测点，是东偏北 30°才对。

师：谁能完整地说一说？

生4：先从斑马场出发，向东偏北30°方向走800米到达喷泉广场。你们同意我的说法吗？

生：（齐声）同意。

生5：如果从斑马场出发向西南方向走，就走到图外面去了。

生6：先从斑马场出发，向东偏北30°方向走800米到达喷泉广场，再向东偏南45°方向走1500米到达猴山。

生7：还可以这样说。从斑马场出发，向北偏东60°方向走800米到达喷泉广场，再向南偏东45°方向走1500米到达猴山。

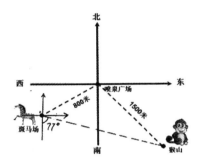

生8：我同意他们的说法，但我还有不同的想法。可从斑马场出发，向南偏东77°方向直接走到猴山（如图所示）。

生9：那么，也可以说从斑马场出发，向东偏南13°方向直接走到猴山。

师：同学们，这个问题有点难，但是你们通过对比、辨析把它讲得非常清楚，老师为你们点赞。

[思考]

在描述行走路线的过程中，随着行进的动态变化，观测点也会发生变换，需要重新建立方向标，这是确定位置的难点。在本环节，教师完全放手让学生依托小组合作、交流的形式自主突破思维的困境，借助学生彼此间相互的质疑、补充将学习推向高潮，有效深化了对确定位置三要素的理解。

三、实践应用，深化认知。

练一练：学生逐题独立完成课本第 66 页第 1 至 4 题，并分别进行交流。

[思考]

第 1 题鼓励学生再次经历解决问题的过程，进一步理解方向和距离是确定物体位置的两个重要条件。第 2 题侧重运用确定位置的两个条件（方向和距离）来解决问题。第 3 题，对路线进行描述。第 4 题鼓励学生在新的情境中综合自己对于题意、确定位置的条件的理解来解决问题。如此，注重解决问题的生活化和层次化，呈现多种有变化的问题情境，层层递进，为学生的思维发展进一步提供了支架，从而利于他们构建合理、完整的知识结构。

四、回顾反思，梳理提升。

谈一谈：通过本节课的学习，你有什么收获？

师：我们是如何确定位置的？

生 1：我们先找观测点，然后判断方向，量出角度，再量出距离，最后确定了位置。

生 2：我有补充，我想提醒大家注意找准观测点。要确定同一个物体的位置，观测点不同，表达的方向也就会不一样。

生 3：对，要注意是从哪里出发的，那里就是观测点。比如，从斑马场出发去喷泉广场，应该以斑马场为观测点。

师：是的，观测点如果发生了变化，那你所观测到的方向也是会随着发生变化的。

[思考]

通过对学习过程的反思，促使学生以完整、深入、全面的视角再次审视解决问题的过程，既再次深化了对本课学习重、难点的理解，又有利于他们形成对数学知识的结构化认识，进一步发展空间观念。

【课后思考】

本课属于"图形与几何"领域的"图形的位置与运动"主题，对应的主要核心素养表现是几何直观和空间观念，体现为其内涵中的"想象并表达物体的空间方位和相互之间的位置关系"。《义务教育数学课程标准（2022 年版）》中提出的学业要求是"能根据参照点的方向和距离确定物体的位置；会在实际情境中描述简单的路线图，形成几何直观"，给出的教学提示包括"引导学生根据相对参照点的方向和距离说出物体所处位置""引导学生通过图形位置的表达，理解坐标的意义"。基于课标要求，我依托系列化数学活动引导学生体会确定物体位置的三要素。

一、强化直观操作，感悟知识本质

关于借助角度描述方向，学生容易将处于同一区域内的两个不同角度相混淆，比如以为"熊猫馆在喷泉广场的北偏东 70°方向"或"熊猫馆在喷泉广场的东偏北 20°方向"。针对实际学情，我在探究之初就让学生进行直观操作，创设了感悟知识的有效时空。学生通过用量角器量角，体会到熊猫馆所在的位置就是从喷泉广场的北向东偏了 20°，或体会到熊猫馆所在的位置就是从喷泉广场的东向北偏了 70°。进而，直观呈现（图文结合）两种不同的描述方式，让学生在对比中建立清晰的结构，初步掌握运用角度描述方向的方法。最后，还用课件动态演示"北偏东""东偏北"的过程，学生闭眼想象、打手势等，进一步发展空间观念。

二、制造矛盾冲突，引发深度思考

当学生面对认知冲突时，他们意识到仅依靠旧的知识和经验已经不能顺利解决问题了，就会积极投入进一步的数学思考，寻找解决问题的新方法。因此，教师应善于创设富有针对性的情境，制造问题和已有知识之间的矛盾冲突，引导学生不断进行思考、分析。课始，通过思考"熊猫馆和狮虎山都在喷泉广场的东北方向，它们的具体方向一样吗"。学生自然产生用角度描述方向的内在需求。随后，通过思考"大象馆和长颈鹿馆都在喷泉广场北偏西60°的方向，该如何区分它们的位置呢"，学生发现只有方向还不足以确认物体所在的准确位置，产生解决问题的强烈愿望，进而引入距离来确定位置。经历以上过程，学生对于确定位置需要"观测点""方向（角度）""距离"这三个要素获得深切的体验。

三、引领互动答疑，深化知识建构

解决问题串中的第3个子问题"参观完斑马场后，同学们想去猴山，说一说他们的行走路线"，即意识到并理解位置的相对性，对学生来说存在着很大的困难。如何打破学生以喷泉广场作为观测点的思维定式？学习伙伴间的相互质疑和直接对话是突破这一难点的好办法。课堂上，我有针对性地采集生成资源，有意识地让学生先呈现"我认为先从斑马场向西偏南30°方向走800米到达喷泉广场"这一错误资源。在大部分同学都赞同的情况下，有孩子勇敢地站起来提出自己的疑问，并表达自己的想法"先从斑马场出发，向东偏北30°方向走800米到达喷泉广场"，只有少数同学犹豫地点点头。至此，"两派对立"，所有的学生陷入沉思。随后，开启对话模式，在相互质疑的过程中不断完善自身想法，达成知识建构。

课例 7：比 的 应 用

【课前思考】

"比的应用"是北师大版六年级上册的学习内容。学生已经在第一学段学习了"比大小""除法的意义""倍的认识""分数的初步认识"；在第二学段认识了分数，学习了分数乘除法的意义和计算、分数的意义、基本性质以及分数与除法的关系。在本单元，学生已经通过学习"生活中的比"，充分体会同类量关系的比和不同类量关系的比，逐步认识和理解比的意义，建立和拓展比的模型；通过学习"比的化简"，理解比的意义，丰富比的模型，完成对比的再认识。本课教学解决按照一定的比进行分配的实际问题，进一步理解比的意义和比的模型，深化对"比"的再认识，初步感悟函数思想，进一步发展模型意识。

通过前测发现，94%的学生已能够用自己的语言正确解释简单生活情境中的比的意义，但大多从份数的角度进行理解和表述，较少能够主动联想到两个量之间或者其中一个量与总数之间的倍比关系。为帮助学生更好地理解"按比分配"的本质，运用比的意义解决实际问题，我依次呈现教材所编排的有利于引导学生思考和交流的问题，让学生以此为线索，展开思考、尝试、探索与交流，并鼓励他们尝试多种解决问题的方法和策略，如列表、画图解释等。希望培养学生在面对一个问题时，学会如何进行思考，并能够在独立思考的基础上，尝试用自己的方式表达对数学问题的理解，从而探索解决问题的思路和方法，提高用比解决实际问题的能力。

【课堂实录】

一、创设情境，唤醒经验

师：把这些橘子分给 1 班和 2 班，怎样分合理？

生 1：两个班级各分一半。

生 2：我同意他的想法。如果两个班级人数一样的话，就平均分。但是如果两个班的人数不同，可以按他们的人数比来分。

生 3：我赞同。因为我们不知道两个班级的人数是否一样，如果不一样的话，平分就会导致（分得）过多或过少。所以，可以按照两个班级的人数比，将橘子按比分配给 1 班和 2 班。

[思考]

学生在生活和既往数学学习中，已经积累了大量的平均分物经验，而"平均分"其实是按 1∶1 的比进行分物，是"按比分配"的一种特殊情况，所以这是本课新知的生长点。通过隐去教材主题情境图中两个班级的学生人数，"顺"着学生已有的经验讨论如何分橘子的问题，"逼"着他们去分析可能存在的不同情况，感悟根据人数进行分配是源自生活实际的需求，更加公平合理，进而体会"按比分配"产生的必要性。

二、自主探究，建构新知

(一) 理解"按比分配"

课件给出学生人数（如图）：

师：再来说说怎么分合理。

生1：按人数来分。

生2：1班的人数比较多，给他们分多一些；2班的人数比较少，给他们分少一些。你们同意我的想法吗？

生3：把10人看作一份的话，1班有3份，2班有2份。把这些橘子平均分成5份，1班分3份，2班分2份。

生4：我同意他的想法。1班和2班人数之比为30∶20，化简之后就是3∶2，所以可以将橘子按这个比来分配。（教师板书：30∶20＝3∶2）

师：同意吗？

生（齐）：同意。

[思考]

既不给出具体数量也不直接给出两个数量的比，而是应学生的要求分别出示了两个班级的人数，让他们交流"怎么分合理"，旨在由学生从实际生活情境中抽象出比，理解按两个班人数比来分的合理性。

（二）建构"按比分配"模型

课件出示学习要求：

学习要求

1班	2班

1. 想：这筐橘子按3∶2应该怎样分？

2. 做：分一分，并利用表格记录分的过程。

3. 说：和同桌交流分的过程和结果。

师：先想一想这筐橘子按3∶2应该怎样分，再分一分，并利用表格记录分的过程，最后和同桌说说你分的过程和结果。

（学生在学习单（一）上独立完成后和同伴交流，教师巡视）

采集、呈现学生作品如下：

1班	2班
30	20
60	40
90	60
120	80

①

1班	2班
30	20
60	40
12	8
6	4

②

1班	2班
3	2
6	4
9	6
……	……

③

师：谁读懂了第一位同学的想法？

生1：一班的人数是30、30 地加，二班的人数是20、20 地加。

生2：是分到的橘子数在加，不是人数在加。

生3：他第一次分的橘子总数是50，一班分到30个，二班分到20个，它们的比是3∶2。第二次分的橘子总数是100个，一班分到60个，二班分到40个，它们的比也是3∶2。第三次分的橘子总数是150个，一班分到90个，二班分到60个，比也是3∶2。

师：请第二位同学说说自己的想法。

生4：按人数比来分配橘子，一班分到30个，二班分到20个。然后再把它们扩大到原来的2倍，分别是60、40个，后面再分的两次是把30和20分别缩小，但它们的比一直都保持在3：2。

师：听完她的想法，同学们有什么疑问吗？

生5：为什么不按规律依次缩小？

生6：在分橘子的时候，一开始分得多，到后来就根据剩下的橘子数来判断每次分多少。

生7：不一定要依次扩大或缩小分得橘子的个数，只要每次分得的个数都是3：2就是公平的。

师：有谁看懂了第三位同学的想法？他和前两位同学的想法有什么不一样呢？

生8：把所有的橘子平均分成5份，总是确保一班分到3份，二班分到2份。

师：同学们能够主动运用比的基本性质来解释不同分法之间的联系。有谁注意到了他用的这个省略号？

生9：橘子的个数无法确定，省略号表示如果以这样的情况进行下去的话，咱们就一直按照这样的方法来分，分到橘子全部分完为止。

生10：这些分法的共同特点是每一次都是按照3：2来分橘子的。

[思考]

鼓励学生借助列表的方法，尝试解决问题，从操作层面体验按比分配。通过收集、呈现学生资源，在互动交流中达成对按比分配的理解。第一，按3：2分配并不局限于是每次都按3个、2个地分，而是在每次分配中两个班级分到的橘子数的比都要等于3：2，直到把这筐橘子分完。第二，只要是按照这个比来分配，不管分的过程有何不同，最后的结果一定是两个班级分到橘子数量的比是3：2。

（三）沟通新、旧知识之间的联系

师：根据3：2，你能想到哪些数呢？请结合分的过程，说说这个数的意思。

生1：我想到了$\frac{3}{5}$和$\frac{2}{5}$，一班分到的橘子数是橘子总数的$\frac{3}{5}$，二班分到的橘子数是橘子总数的$\frac{2}{5}$。

生2：我想到了$\frac{2}{3}$，一班分到的橘子数是二班的$\frac{3}{2}$。

生3：我有补充，那二班分到的橘子数就是一班的$\frac{2}{3}$。

生4：我想到了百分数，一班分到的橘子数占橘子总数的60%，二班分到的橘子数占橘子总数的40%。

师：同学们主动将今天学习的"按比分配"和以前学过的运用分数、百分数解决问题的知识建立联系，这是一种很好的学习方法。

［思考］

根据前测反馈，学生在解决按比分配问题时，思考和理解的维度比较单一，大多数是将总数平均分成两个量所对应的总份数，求出每份是多少，再得到两个量分别是多少。倘若停留在这样的思维层次，对于学生建构知识网络显然是不利的。本环节借助核心问题的引领，触动学生展开想象和推理，通过在具体情境中沟通比的意义与分数、百分数的意义之间的联系，为接下来将已有的解决分数、百分数应用题的知识经验迁移至解决按比分配问题奠定基础。

（四）探索解决按比分配的实际问题

师：如果有140个橘子，按3：2又应该怎么分？与同伴交流你的想法。

展示学生作品如下：

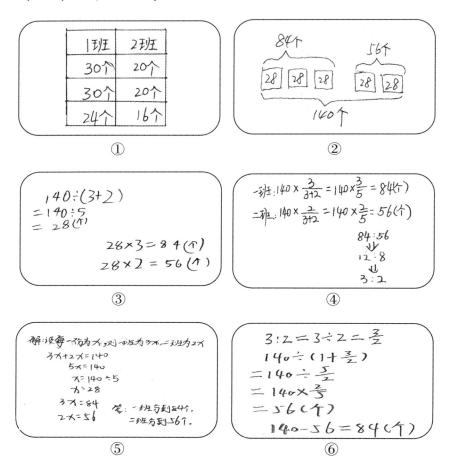

①　②

③　④

⑤　⑥

师：仔细阅读这几位同学的分法，和同桌说说你看懂了什么。

（学生相互交流，教师巡视，了解学生想法，随后组织集体

汇报）

生1：我看懂了第一位同学的想法。第一次分给一班 30 个橘子、二班 20 个橘子，橘子比是 3:2，第二次还是分给一班 30 个橘子、二班 20 个橘子，橘子比也是 3:2，如果第三次继续这样分的话，橘子已经不够分了。所以，第三次把剩下的 40 个橘子平均分成5 份，每份是 8 个，一班分得这样的 3 份是 24 个，二班分得 2 份是16 个。最后结果是一班一共分到了 84 个橘子，二班一共分到了 56个橘子。

生2：我同意他的想法。这是用列表的方法解决问题。我还看懂了第二位同学用的是画图的方法，她把 140 个橘子平均分成 5 份，每份是 28 个，一班分得 3 份就是 84 个，二班分得 2 份就是 56 个。

生3：我看懂了第三位同学的想法。一共有 140 个橘子，一班有 3 个人，二班有 2 个人。把橘子平均分成 5 份，求出每份有 28 个橘子，再用 28 乘 2 得出二班分到 56 个橘子，28 乘 3 得出一班分到84 个橘子。

生4：我同意他的想法。但是有个地方要纠正一下，是"一班分到 3 份橘子、二班分到 2 份橘子"，而不是"一班有 3 个人、二班有 2 个人"。

生5：我看懂了第四位同学的想法。"3+2"算出橘子被分成的总份数。一班分到的橘子数是橘子总数的 $\frac{3}{3+2}$，所以用橘子总数 140乘 $\frac{3}{5}$ 算出一班分到了 84 个橘子；二班分到的橘子数是橘子总数的$\frac{2}{3+2}$，所以用橘子总数 140 乘 $\frac{2}{5}$ 算出二班分到了 56 个橘子。

生6：我的方法和他差不多，但是他把"3+2"直接代入分数里当分母了，我觉得这个办法不错，受到了启发。

生7：我发现他还把得到的结果化简了。一班分到 84 个橘子，二班分到 56 个橘子，84：56 化简之后得到 3：2，检验了这个结果是符合题目要求的。

师：这位同学主动运用比的化简来验证结果是否正确，这是一种很好的学习习惯。

生8：我看懂了第五位同学的想法。她是用方程解的。一班分到 3 份，把它看成 $3x$ 个；二班分到 2 份，把它看成 $2x$ 个；两个班一共分掉（$3x+2x$）个橘子，等于 140 个。解方程得 $x=28$，所以一班分到的橘子数是 $28×3=84$（个），二班分到的橘子数是 $28×2=56$（个）。

师：有人看懂第六位同学可能是怎样想的吗？

生：（集体沉默）

师：在四人小组里讨论一下。

师：说一说你们通过交流又看懂了什么。

生9：$3：2=3÷2=\dfrac{3}{2}$，先求出了一班分得的橘子数是二班的 $\dfrac{3}{2}$，那么两个班分得的橘子数（即橘子总数）就是二班分得橘子数的 "$1+\dfrac{3}{2}$"，所以用橘子总数除以 $\dfrac{5}{2}$ 就求出了二班分得的橘子数。最后，用橘子总数减去二班分得的 56 个橘子，就求出了一班分得 84 个橘子。

生10：我同意他的想法，他是把二班分得的橘子数看作单位 "1"，那么一班分到的橘子数就表示为 $\dfrac{3}{2}$。

生11：听他这么一说，我突然也有了一个新的想法。$2：3=2÷$ $3=\frac{2}{3}$，先求出了二班分得的橘子数是一班的$\frac{2}{3}$，再把一班分得的橘子数看作单位"1"，两个班分得的橘子数就是一班分得橘子数的$\frac{5}{3}$，用橘子总数除以$\frac{5}{3}$就求出了一班分得的橘子数。同理，用橘子总数减去一班分得的84个橘子，就求出了二班分得56个橘子。

生12：还可以用百分数来解决问题。$3：2=3÷2=150\%$，$140÷$ $（1+150\%）=140÷2.5=56（个）$，$140-56=84（个）$。

生13：我发现应用比的知识解决问题和运用分数、百分数解决问题的方法是可以相互转化的，它们背后的道理是相通的。这么多知识都是有联系的，好神奇！

生14：根据这些方法之间的联系，我们可以把它们进行分类。第①②③⑤种方法都是从想"份数"来解决问题的，只不过有的列表、有的画图、有的列算式、有的用方程解答。而第④⑥种方法是转化成我们学过的知识，用分数来解决问题的。刚才还有同学提到的用百分数来解决问题，也属于这一类。

[思考]

承接前一个环节"根据3：2你能想到哪些数"的铺垫，给出橘子总数140个，并给予充分的时间和空间，让学生在广阔的平台里畅想，不仅找到解决问题的多种不同方法，而且主动发现不同解决方法之间的关联，既强化了以联系的眼光看待数学知识与方法的学习理念，又结合实例感悟到比的本质是表达两个量的倍数关系。在此过程中，学生充分体会到比与除法、比与分数及百分数之间的联系，进一步理解比的意义，发展模型思想。

三、拓展延伸，反思提升

(一) 深化理解"按比分配"

(课件呈现课始情境图)

师：今天我们学习了"按比分配"，回过头来想一想，"把一筐橘子平均分给一班和二班"是否为按比分配？

生1：不是，那是平均分。

生：(集体稍停顿)

生2：我觉得是按比分配。一班和二班分到的橘子一样多，那就是按1∶1进行分配的。

生3：我赞同他的想法。1∶1就是平均分成2份，每个班各分得其中的一份。

生4：看来，我们以前学过的平均分也是"按比分配"的一种特殊情况啊。

师：同学们的想法很有道理。通过这一番交流，你们对按比分配的认识更加全面了。

(二) 感悟比的应用的独特价值

提出问题：有240个橘子，按3∶2∶1又该怎样分？

(学生先独立思考，尝试解决，然后在小组内汇报、交流想法)

师：(结合课件呈现) 再次观察同学们在解决上一个问题时提出的这6种方法，能否用它们来解决这个新的问题？你有什么新的思考吗？

生1：用第①②③⑤种方法，也就是想"份数"来解决问题的那一类方法都可以用来解决这个新的问题。

生2：我有补充。刚才转化成用分数来解决问题的方法当中，第④种方法依然可以用来解决这个问题，但是第⑥种方法就不好思考了，因为这次给出的 3：2：1 是个连比！

生 3：我不同意他的说法。用第⑥种方法也可以解决这个新的问题。比如：把一班分到的橘子数量看作单位"1"，从 3：2：1 可以看出二班分到的橘子数量是一班的 $\frac{2}{3}$、三班分到的橘子数量是一班的 $\frac{1}{3}$，列算式"240÷（1+$\frac{2}{3}$+$\frac{1}{3}$）"就可以求出一班分到的橘子数量了。

生 4：我突然发现比很简洁。3：2：1 这个连比可以很清楚地表示出三个班分到的橘子数量之间的关系，而分数、百分数一般只用来表示两个数量之间的关系。

生 5：没错。如果要用分数说清楚这里的"3：2：1"这样的关系，至少得说两个关系句，比如：二班分到的橘子数是一班的 $\frac{2}{3}$，三班分到的橘子数是二班的 $\frac{1}{2}$。

生 6：我同意他们的想法。相比之下，感觉 3：2：1 能把三个班级分到的橘子数量之间的关系表示得很清楚，让人一目了然！

[思考]

在学习百分数时，有很多学生提出疑问"有了分数，为什么还要学习百分数"，我们要让学生明白百分数与分数有什么联系与区别，才能建构有序的知识体系。同理，为什么要学习"比"？比在生活中有什么独特的应用价值吗？学生不仅要建立知识间的联系，且应通过发现"一个除法算式、一个分数或者一个百分数无法一下子表示多个量之间的关系"这一简单现象，感悟比的意义与除法、分数、百分数的意义之间的区别所在，体会比的应用的独特价值。

【课后思考】

《义务教育数学课程标准（2022 年版）》确立了核心素养导向的课程目标，强调课程内容的组织"重点是对内容进行结构化整合，探索发展学生核心素养的路径"。素养导向下的教学实践突出内容结构的整体化，体现数学知识本质的一致性，体现核心素养培育的一致性。在教学中，教师不仅应引导学生从已掌握的知识出发，通过知识迁移、知识联想、知识串联等方式探索出与之相关的其他知识，还要最终将它们梳理整合成一个完整的、系统的知识结构体系。"比的应用"是"比的认识"单元学习的核心内容之一，是发展学生模型意识和应用意识的载体。本课教学基于对相关联的主要知识点链条的梳理，借助已有知识学习和数学活动经验，沟通比与除法、比与分数之间的联系，在对解决问题的多种不同方法进行对比的过程中深化认知，体会运用比的意义、分数乘除法和百分数解决问题方法的一致性，实现对知识的整体架构，让学习充满生长的力量！

课例 8：分橘子

【课前思考】

"分橘子"是北师大版三年级下册的学习内容。学生在上节课的基础上继续学习除法计算，不同之处是被除数十位上的数字不是除数的整数倍，如 48÷3。同上节一样，本节课重点研究用竖式表达分物的过程和结果，在解决问题过程中学会除法竖式计算。教科书创设了"悟空、八戒、沙僧三人分橘子"的故事情境，提出 3 个问题。第一个问题是在具体情境中探索 48÷3 的直观运算与口算的方法。第二个问题是探索 48÷3 的竖式笔算的方法，经历分步求商（先求商的十位数字，再求商的个位数字）的过程。第三个问题是能用竖式计算两位数除以一位数的除法，理解从商的高位算起的道理。

由于除法竖式的书写格式比较特别，与加、减、乘法竖式有所不同，且除法竖式的试商过程较为复杂，学生在学习过程中往往存在较大困难。其一，学生容易遗漏除法竖式中间步骤的余数，比如计算"48÷3"时，在用 4 个十除以 3 之后就直接用 8 个一除以 3，忽略了十位上余下的 1 个十。其二，不少学生会将商的最高位置弄错，比如计算"76÷14"时，把商最高位上的 5 写在十位上与 7 对齐。这些现象映射出的其实是学生对除法运算的算理与算法理解割裂，没有形成结构化的认知体系，尚未能实现"课标"所要求的"整体性""一致性"。所以，教学应充分关注结合分物活动，在解释每一步的基础上进行竖式学习，让"理"与"法"相融。

【课堂实录】

一、创设情境，提出问题

出示情境图，引导学生观察：

师：仔细观察，从图中你能获得哪些数学信息？

生1：有4篮橘子，每篮10个，还有8个零散的橘子，一共48个橘子。

生2：有悟空、八戒和沙僧三个人，他们准备平均分这些橘子。

师：根据这些数学信息，你能提出什么数学问题？

生3：把48个橘子平均分给他们3个人，每人能分到多少个橘子？

生4：（集体点头同意）

师：那么每人分到多少个呢？你能列式计算吗？

生5：$48 \div 3$。（教师板书）

[思考]

借助生动有趣的生活情境以动画形式引入新课，既能唤醒学生的生活经验，又能有效激发学生的参与热情，快速指向本节课的探究内容。同时，依托情境进一步发展学生发现和提出问题的意识与能力。

二、自主探究，建构新知

（一）探索两位数除以一位数除法的计算方法并理解算理

1. 分一分，算一算。

出示学习要求：

学习要求

1. 想一想：怎样平均分这些橘子？

2. 做一做：用小棒代替橘子摆一摆，算一算。

3. 说一说：和同桌交流你的想法。

师：48除以3等于多少呢？请你先独立思考，然后用小棒代替橘子帮他们分一分，算一算，最后和同桌说说你的想法。

（学生独立尝试，教师巡视，了解学生想法）

2. 交流分物过程并用简单的算式表示。

师：一起来听听同学们的想法。

生1：（结合操作演示）我用4捆小棒代表40个橘子，用8根小棒代表零散的8个橘子。我先分整捆的，每人分到1捆。咦，这里还有1捆小棒，该怎么分呢？哦，我可以把它拆开，1捆有10根，再和零散的8根合在一起，就有18根了。18根小棒平均分给3人，每人分到6根，与刚才的1捆合起来就是16根小棒，也就是16个橘子。

师：你也能像他这样说一说吗？

生2：他的意思是先给3人每人分1捆小棒，还剩一整捆的时候，我们可以把这1捆小棒拆开，1捆就有10根，再和剩下的8根合起来就是18根小棒。然后把18根小棒平均分给3人，每人分到6根小棒。也就是每人一共分到16根小棒，即16个橘子。

生3：我有补充。通过分小棒的过程，我发现了可以用算式表示。（边写边说）$30÷3=10$，表示把3捆小棒平均分给3人，每人分到1捆，就是10根。$18÷3=6$，表示的是剩下的这一捆和零散的8根合在一起，也就是18根小棒，平均分给3人，每人得到6根小棒。最后，$10+6=16$，那么每人分到16根小棒，也就是16个橘子。

师：同学们，你们也能像她这样说一说吗？和你的同伴说说吧。

……

师：同学们能够结合平均分物的过程说清楚计算的道理，王老师为你们点赞！

[思考]

在小学数学教学中，儿童的认知活动一般要经过"感知→表象→概念"这样一个从具体到抽象的过程。学生通过开展充分的外部实际操作活动，结合有序的操作进行观察，进而以表述实现对操作过程的数学化，最终在大脑内部加工，实现思维的"内化"。本环节于探究之始，基于学生已有的认知基础，引导学生开展"用小棒代替橘子帮他们分一分，算一算"的活动，探索"每人能分多少个橘子"，让每个学生都有动手操作以及用语言来表现思维的机会和时间，以直观操作的方法帮助他们经历探索计算方法的过程并理解算理。值得一提的是，教学紧扣学生的认知难点，以核心问题"剩下的这一捆小棒怎么办"引发学生的热烈讨论，借助直观手段直指"计数单位"的转化，为理解除法运算的一致性做好铺垫。

（二）建构两位数除以一位数除法的计算方法模型

1.试一试：结合分物及口算的过程，尝试用除法竖式算一算。

师：上节课，我们已经初步探索了两位数除以一位数的竖式计算方法。那么，你能试着用竖式表示刚才平均分的过程和结果吗？请你独立思考后在学习单上试一试。

（学生独立尝试，教师巡视，了解学生想法，随后进行集体汇报）

师：（出示学生作品1，如下左图）谁看懂了他的想法？

$$48÷3= \boxed{16}（个）$$

生1：他是先把3捆小棒平均分给3个人，每人分到1捆，也就是10根小棒。还剩下1捆，也就是10根小棒，再和8根小棒合在一起，凑成18根，18根小棒平均分给3个人，每人分到6根。18减去18等于0，小棒就分完了。（教师结合学生的回答动态演示课件，如上右图）

师：（出示学生作品2，如右图）这里还有一位同学是这样做的，你同意他的想法吗？

$$48÷3= 12……2$$

生2：我有疑问。4个十平均分给3个人，还剩1个十，这个"十"跑到哪里去了？怎么能直接把 8 个一平均分给 3 个人呢？

生 3：我能解决他提出的问题。4 个十被 3 个人平均分，每人分到 1 个十，剩下的这 1 个十和 8 个一合起来就是 18 个一，18 个一平均分给 3 个人，每人分到 6 个一，也就是最终每人分到 16 个一。

师：仔细观察这个竖式（如右图），你要提醒大家注意什么？

生 1：我要提醒大家，4 个十平均分给 3 个人，每人分到 1 个十，分走的就是 3 个十。

生 2：我有补充。我想提醒大家，4 个十被分走了 3 个十，剩下的是 1 个十，而不是 1。1 个十和 8 个一合起来就是 18 个一，平均分成 3 份，每份是 6 个一。

2. 说一说：结合分物过程说一说除法竖式每一步的意思。

师：真好！同学们能够用竖式表示分的过程和结果。那么，你能根据分的过程说一说竖式中每一步的意思吗？

生 1：（边介绍，边板演）48÷3，先用十位上的"4"除以 3，商 1 余 1。余的"1"表示 1 个十，它和个位上的 8 个一合起来就是 18 个一，再算 18 除以 3 得 6，所以结果是 16。

生 2：先分整篮的橘子，每份是 1 篮，也就是用被除数十位上的"4"除以 3，得 1，这个"1"表示每人分到了 10 个橘子，所以把"1"写在商的十位上，这一次 3 个人一共分掉了 30 个橘子。还剩下 18 个橘子，把它们平均分给 3 个人，每人分到 6 个橘子，也就是用 18 除以 3，商 6，这里的"6"表示每个人又分到了 6 个橘子，所以把"6"写在商的个位上，这一次 3 个人一共又分掉了 18 个橘子。橘子被分完啦，最后的结果是每个人都分到了 16 个橘子。

教师结合学生的回答进行课件动态演示：

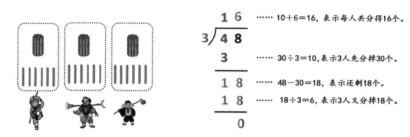

16 ····· 10＋6＝16，表示每人共得16个。

3）48

3 ····· 30÷3＝10，表示3人先分掉30个。

18 ····· 48－30＝18，表示还剩18个。

18 ····· 18÷3＝6，表示3人又分掉18个。

0

师：同学们，你们也像她俩这样，和同桌说一说这个竖式中每一步的意思吧。

……

生3：通过说一说，我还发现了今天学习的两位数除以一位数的竖式计算和以前学习的口算两位数除以一位数的计算道理是一样的。把3捆小棒平均分给3个人，就相当于口算中的"30÷3＝10"，而口算中的"18÷3＝6"在竖式中我们也可以看到，此外，这两种计算方法的结果都是16。（教师结合学生的回答进行课件动态展示如下）

可以用算式表示分的过程：

30÷3＝10

18÷3＝6

10＋6＝16

16 ····· 10＋6＝16，表示每人共得16个。

3）48

3 ····· 30÷3＝10，表示3人先分掉30个。

18 ····· 48－30＝18，表示还剩18个。

18 ····· 18÷3＝6，表示3人又分掉18个。

0

3. 想一想：48÷3的竖式计算与上节课学习的48÷2有什么不一样？

生1：今天列的除法竖式有两层，而上节课学习的除法竖式只有一层。

生2：今天学习的48÷3，被除数十位上的"4"不是除数"3"

的整数倍，除完后有余数，还要和个位上的数合起来继续除。

[思考]

在教材关于除法运算的编排体系中，"笔算两位数除以一位数（首位不能整除）"起着承上启下的作用。它既延续了"口算两位数除以一位数"以及"笔算两位数除以一位数（首位能整除）"的算理，也关联着后续学习"两、三位数除以两位数"的算法。因此，本环节先放手让学生独立尝试列竖式解决问题，实现方法与经验的迁移，随后引导学生结合分物过程说清楚竖式中每一步的意思并渗透位值思想。如此一来，将实际操作与理解算理有机结合起来，有利于建立分物过程与除法的内在联系，更好地掌握两位数除以一位数的基本笔算方法。在以上整个过程中，不断地为学生提供借助分物过程表达竖式含义的时间和空间，促进他们对"除法的计算过程其实是在细分计数单位的个数"的感悟，抓住本质对知识进行了串联，体会算理和算法的一致性。

（三）感悟"除法为什么要从高位算起"

师：看来，同学们已经明白了竖式中每一步的意思。那么，请你拿出学习单，算一算，然后和同桌说一说你有什么发现。

$2\overline{)38}$　　　$4\overline{)52}$　　　$3\overline{)72}$

出示学生计算过程和结果如下：

师：你们计算的结果和他一样吗？在计算的过程中你有什么发现？

生1：我和他们一样。我发现除法要从高位算起。我们来试一试从低位算起（生边书写边介绍计算过程），对比这两个算式（如下图），我们可以看到从低位算起有时很麻烦。

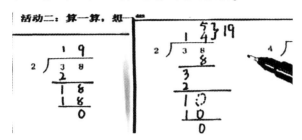

生2：由此，我想到了在生活中平均分东西的时候，都是先分整捆、整篮、整箱的，再分零散的。所以，除法竖式从高位算起是有道理的。

师：是的，在除法竖式计算中，一般从高位算起。

[思考]

巧借过程对比反思计算方法，内化知识。借助课堂上学生的生成资源，即用竖式计算 38÷2 时所采用的不同方法，通过对比体会除法竖式的计算顺序是从高位算起比较方便，从而巩固除法竖式计算的顺序和两位数除以一位数的竖式写法。

三、巩固练习，深化认知

师：接下来，让我们运用今天所学的知识，一起来解决问题吧！

（学生独立完成课本"练一练"的题目，并相互交流想法，略）

[思考]

通过及时练习，巩固除法竖式计算顺序和写法。经历运用除法计算解决问题的过程，进一步理解两位数除以一位数的计算道理。

四、自我反思，梳理提升

师：同学们，梳理一下这节课的学习过程，你有什么收获呢？

生1：我们结合分小棒的过程，理解了除法竖式计算每一步的意思。

生2：我们通过对比，发现除法竖式计算和口算的道理是一样的。

生3：我们讨论得出除法竖式的计算顺序是从高位算起比较方便。

生4：通过这节课的学习，我掌握了两位数除以一位数的计算方法。在竖式计算的时候，要特别注意当十位上有余数时，可以看看是余了几个"十"，把它和个位上的"一"合起来继续除。

生5：我进一步感受到了数学知识都是有前后联系的，遇到新问题的时候可以先想一想我们以前是怎么做的，这次的问题和以前又有什么不一样，从而找到解决问题的办法。

师：同学们能够用联系的眼光看待数学知识和数学学习，真好！大家提到了借助分小棒理解知识、通过对比发现计算道理、通过讨论得出结论，这些都是很好的学习方法，在咱们今后的数学学习中还会经常用到。

[思考]

通过自我反思，梳理学习过程，既回顾所学知识的重、难点，又提炼有效的学习方法，促进学习能力的提升。

【课后思考】

《义务教育数学课程标准（2022年版）》提出："感悟数的运算以及运算之间的关系，体会数的运算本质上的一致性，形成运算能力和推理意识。"实现这些学习目标的关键是要引导学生基于运算的本质理解算理，明理悟法，发展认知。

一、以形助数，促进算理与算法相融

学生学习笔算两位数除以一位数存在困难的主要原因是其思维停留在物的等分上，即把"分小棒"和"写竖式"当成各自独立的两件事，没能有效关联起来。在本课教学中，紧紧抓住分小棒的过程中遇到的"还剩下的这一捆小棒怎么办"这一问题，让学生反复表达"把这捆小棒拆开，和零散的 8 根合在一起继续分"这一解决问题的方法，加深对"要将十位分剩下的数与个位上的数合并起来再分"的理解，把单纯的计算引向更深的思考。如此一来，借助"形"的直观促进学生对"数"的理解，帮助他们从物的等分上升到计数单位的等分。也就是将算理和竖式计算中的每一步去对应，在对应的过程中提炼、明晰算法。

二、源于现实，激发内部思考的力量

在本课的三个关键环节中，采用的教学素材都是学生的生成性资源。第一次是"用小棒摆一摆，算一算"，请学生具体展示摆小棒的过程并说说自己的想法。第二次是"尝试用除法竖式表示分物的过程和结果"，请学生呈现自己的学习单，并请同学们说说谁看懂了他的想法。第三次是"讨论除法为什么要从高位算起"，呈现了学生"从高位算起"和"从低位算起"的对比作品。这些学习素材的捕捉和使用，蕴含着对学生学习起点的尊重、对学生内心想法的倾听以及对学生思维冲突的引领，真正将学生作为学习的主体，放在课堂的"中央"，追寻深度学习的发生。

三、强化对比，形成知识结构的联结

在本课学习中，学生先后三次经历知识的对比。一是口算、分小棒和竖式计算的对比。二是两位数除以一位数"首位不能整除"与"首位能整除"的计算方法对比。三是除法"从高位算起"和"从低位算起"的对比。在对比中，促进学生将除法计算的过程与平均分物的经验相关联，将除法竖式中的"两层记录"与分小棒时的两次平均分相关联，这些都指向对计数单位的个数进行均分。学生经历这样的活动过程，不仅更深入地感悟算理，将算理与算法自然交融，而且充分感受到知识间的联系，为形成合理的知识结构形成支撑点和联结点。

课例 9：1 分有多长

【课前思考】

"1 分有多长"是北师大版二年级下册的学习内容。关于本节内容，教材安排了四个问题。第一，认识秒针；第二，观察秒针走动，借助数秒活动，直观感受 1 分的长短；第三，记录 1 分内自己能做的事情，为辨别 1 分的长短积累活动经验；第四，通过比较"数 60 下"和 60 秒的结果，增强学生对 1 分长短感受的准确性。

学生在一年级上册已初步认识钟表上整时、半时，在二年级下册认识了时间单位"时"和"分"，他们将于本节课进一步认识时间单位"秒"，体验时间的长短，知道 1 分 = 60 秒。对于这一内容的学习，学生已有的积累主要体现在以下三个方面：一是学生的生活经验，他们在体育课上的短跑比赛、红绿灯路口的倒计时（读秒器）以及其他生活场景中，各自形成了不同程度的对"秒"的认识。二是学生的知识经验，他们在既往学习中已经知道"分针走 1 小格是 1 分，走 1 大格是 5 分"，这将对认识秒起正向迁移作用。三是学生的活动经验，他们曾借助拨钟表的操作活动，实际体验了时与分之间的关系（六十进制，而非计数时的十进制）。在教学中，我尝试通过依联建构、循序感知、多向体验等互动策略，促进学生量感的生长。

【初次设计】

一、创设情境，依旧引新

1. 出示钟面（8时10分），请学生认读钟面上的时刻，并说说怎样看出"10分"的。

2. 第一次观看龟兔赛跑。

首先，创设如下情境：今天，乌龟和兔子准备开展一场跑步比赛，它们请来吉吉国王当裁判，吉吉就这面钟来记录比赛的时间（课件播放动画）。启发学生思考：比赛结束后，猴裁判有点儿纳闷，时针和分针好像都没有动，这场龟兔赛跑是不是没有花时间呀。随后，师生共同讨论得出：这场比赛用的时间太短了，像这么短的时间变化用时针和分针无法很清楚地表示出来。最后，引进秒针来记录比赛时间。

3. 认识秒针。请学生说一说添上一根什么样的秒针合适。

4. 第二次观看龟兔赛跑。

师：添上这根最细最长的秒针，咱们再来看一次龟兔赛跑。仔细观察秒针的走动，看看这次你在钟面上有什么发现。（课件播放动画，兔子3秒跑到终点，乌龟则用了15秒）

二、观察发现，探究新知

1. 在观察中认识1秒。

跟着课件感受1秒，并说一说在1秒的时间里能做什么。

2. 在活动中认识5秒（看、数、听、估）。

3. 在比较类推中认识10秒。

（1）秒针已经从12走到6，那它一共走了多长时间？

（2）如果秒针现在要从 6 走到这儿（比 8 多 2 个小格），那又经过了几秒呢？（一起数）

（3）如果秒针继续走，那再走几秒就到 10 了呢？（一起从 50 秒往后一秒一秒地数到 60）

（4）问题引领，发现关系。

师：秒针从 12 出发绕了一个大弯儿走到这儿（10），已经走了多少秒？如果继续走，再走几秒就能回到 12？（一起从 51 数到 60，得出 1 分 ＝60 秒）

三、活动体验，深化认知。

1. 估测时长。

试着估一估泉州东街红绿灯路口的红灯持续了多长时间，并在交流汇报之后引导估测误差较大的学生进一步调整一秒一秒的节奏。

2. 活动体验 1 分有多长。

（1）学生汇报课前所做的 1 分钟实践活动的结果（拍球、走路、测心跳等）。

（2）现场实践活动。学生在 1 分的时间里做自己喜欢的事情（做口算题、从 1 开始按顺序写数、画小三角形、写自己的名字等），看看 1 分能干什么。

（3）教师小结：1 分的时间大概可以做 15 道口算题，1 分的时间大概可以把自己的名字写 5 遍，1 分的时间大概可以从数字 1 写到 34，1 分的时间大概可以画 30 个小三角形。

【思考与调整】

一、从"引进秒针，解决问题"走向"激活需求，生长新知"

龟兔赛跑的情境看似经典且具趣味性，教师的引导看似循循善诱而富有启发性，精彩似乎已呼之欲出。但试教时的场景却并非如此，面对教师的一系列提问，学生表现得甚为茫然。经过一番剖析和讨论之后，我意识到了以下不足，并确定了相应的调整方向。

第一，情境虚拟，不契合生活实际。真正的乌龟与兔子奔跑速度之比远远大于情境中所设定的1∶5，而且龟兔赛跑通常是较长距离的。那么，能不能从孩子们的生活中寻找情境素材或者原型呢？我们想到了激活学生在体育课上亲身经历过的50米短跑比赛的经验，并让学生的角色从"旁观者"转变为"小裁判"，以期能引发他们更积极地参与和思考。

第二，对知识的生长点定位不够准确。当学生产生"时针、分针无法清楚地表示出赛跑时间"的认知冲突时，把重心放在与学生共同创造一根秒针的做法不妥！此时，应引导他们体会：比赛所用的时间比1分还短，需要新的时间单位来表示，从而引进"秒"，实现与前一节课所认识的时间单位"时"和"分"的有效链接。

第三，核心提问的设计不够精简，指向不够明确，尚待将问题进一步细化、具体化。

二、从"学看时刻，推算时间"走向"有序推进，感受时长"

试教之后，对本环节较满意的地方：通过看、听、记、学秒针走动的节奏等多种形式的数学活动，感受一秒一秒的节奏，帮助学生建立"秒"的时间观念。但是存在以下问题：1. 由于穿插了多处提问，学生对时长的感受时断时续，没有形成一个连贯的、逐步推进的过程，以这样的方式形成对时长的体验较为肤浅、低效。2. 教学的关注点有所偏差，过多地关注了学生在"推算时间"方面知识技能的形成，忽略了结合活动引领学生感知时长这一体验性目标的达成。3. 在认识"1分"时，仅仅停留在发现和理解分与秒之间的关系，而针对学生体验1分的时间长度所设计的活动太少，导致学生对"1分有多长"体验不足。

三、从体验"1分能干什么"走向体验"1分有多长"

试教时，在交流汇报环节，有的学生说"我在1分的时间里做了6道口算题"，有的学生说"我在1分的时间里做了30道口算题"……教师小结"1分的时间大约可以做15道口算题"。试回望，在这样的过程中，学生真正感知到1分的时长了吗？没有，倒像是在交流讨论1分钟能做几道口算题。带着疑惑，我再次研读教材，进一步注意到了本课的课题在旧版教材中表述为"1分能干什么"，在新版教材中修改成了"1分有多长"。这细微的变化，引起了我对"1分有多长"实践活动目的的反思，我们所追寻的应当是学生个体在实践活动过程中所形成对"1分有多长"的个性化感知，比如学生感觉到"我从'一一得一'背到'七九六十三'经过的这段时间大约就是1分钟"，并依托在活动中所积累的这种感性认识，逐步增强对1分长短感受的准确性。基于这样的重新认识，我对本环节教学作出如下调整：第一，改变活动的先后顺序，先在实践活动中积累经验，然后凭借这样的经验进一步体验时间的长度。第二，更换学生实践活动的内容，"做几道口算题""把自己的名字写几遍""画几个小三角形"等活动都需要经过量化才方便交流结果，这会在一定程度上阻碍学生对时长的感知。更换为呈现"默读课文，从开头读到哪一句用的时间是1分""画一个什么样的人用的时间大约是1分"等形象化的材料，更有利于学生对经过的时间形成直观的感受。第三，让学生在活动结束后进行小组交流，有效拓宽互动参与面，在言语表达的过程中强化即时形成的对时间长度的感性认识。

经历推翻与重构的过程，我紧扣《义务教育数学课程标准（2022年版）》在具体教学目标中多次提到的"经历……过程"，对本课教学作出了较大的调整，形成了以下新的教学方案。

【二度设计】

一、依旧引新，激活需求

1. 上节课已学过两个时间单位，就是"时"和"分"。"时"用来表示比较长的时间，"分"则用来表示比较短的时间。

2. 认读钟面上的时间（8时10分）。

3. 第一次观看50米短跑比赛。

观看熊大和光头强的50米短跑比赛动画，请学生说出它们各用多长时间跑到终点。（说不清，说不准，思考：该咋办）

4. 认识秒针。

引出秒针，请学生说一说秒针有什么特点。

5. 第二次观看50米短跑比赛。

添上秒针，再次观看赛跑动画，请学生说一说熊大和光头强各跑多久。

教师小结：看来，秒针通过转动成功地记录了比分还短的时间，它们的单位就是"秒"（板书：秒）

二、有序推进，感受时长

1. 感受1秒有多长。

先指名学生说说怎样看出熊大跑了4秒的，而后感受1秒有多长。（课件播放秒针从12开始走1小格，伴有"嗒"声，且秒针走过的轨迹形成色块）

（类推：秒针走 1 小格是这样的 1 秒，走 2 小格就是……3 小格？ 5 小格？ 10 小格？ 13 小格？ 1 大格？）

2. 感受 5 秒有多长。

（1）看：课件播放秒针从 12 出发走 5 小格，伴有"嗒"声，且秒针走过的轨迹形成色块。

（2）听：你们听到秒针走路的脚步声了吗？我们再来听一遍"5 秒"，这回要边听边记，把秒针走动的节奏记在心里。

（3）记：能不能用你喜欢的动作打出这一秒一秒的节奏？

（4）数：不管做什么动作，其实都是边做动作边在心里默默地数数。接下来，就带上你喜欢的动作，我们用数数的方法再来感受一下 5 秒有多长。

3. 感受 10 秒有多长。

没有声音，跟着刚才的感觉准确地数出 10 秒有多长。

4. 感受 1 分有多长。

（1）数一数，看一看，发现 1 分＝60 秒。

师：想一想，如果秒针从 12 开始走，走 1 圈又回到 12，那是经过了多长时间？（结合课件，边数边观察）

（2）估一估，调一调，在对比中增强对时间长短感受的准确性。

师：1 分有多长呢？一会儿就请大家趴在桌子上，老师喊"开始"你就在心里默默地估一估，什么时候觉得 1 分的时间到了就抬头看钟，比比谁能把 1 分估得最准！

a. 采访最准时抬头的同学，"请问你是怎样估得这么准的"，让他数几秒给大家听听。

b. 采访最先抬头的同学，"听了他数数的节奏，你有什么想法?"

c. 矫正：跟着秒针再来找找一秒一秒的感觉。

d. 再估一次，看看能不能比刚才估得更准。

三、实践活动，积累经验

1. "1 分有多长"实践活动。

提供四种学习单，让学生选择自己最喜欢做的一件事情，试试在 1 分里能做多少。

2. 联系生活，感受一分的价值。

以图片配合文字的形式展现生产生活中 1 分钟能创造的价值（喷气式飞机每分能绕着我们学校操场跑 150 圈；我国生产的高速电梯每分上升 120 层楼；三峡水电站每分发的电，够我们在场所有同学的家庭一起用 3 年多；把亚太纸业每分生产的纸做成本子，大约能给我们全校同学每人发 17 本），请学生谈体会。

四、深化体验，体会对时长感受的相对性

1. 看 1 分钟的动画片，谈对 1 分时间长短的感觉。

2. 等 60 秒的红灯，谈对 1 分时间长短的感觉。

3. 教师小结：回想一下，当我们在做自己喜欢的事情（比如看动画片）时，就觉得 1 分的时间有点短；但我们感到无聊（比如等红灯）时，又感觉 1 分的时间有点长。但是无论你有怎样的感觉，1 分钟其实还是 1 分钟，1 分还是等于 60 秒。

【课后思考】

一、依联建构，让量感的生长"有道"

在教学中，以"块状"（而非"点状"）看待教学内容，在旧知基础上，巧设矛盾冲突激活新的学习需求，以实现对时间单位的整体感知。首先，引导学生梳理原有的与本课学习相关的知识基础，既为引出时间单位"秒"作铺垫，又有利于他们将"分针走1小格是1分，走5小格是5分"的知识经验迁移到对秒的认识上来。然后，创设贴近生活实际的50米短跑比赛趣味情境，引发学生对于"用学过的时针、分针无法记录和表示出这么短的赛跑时间"的矛盾冲突，体会秒产生的必要性。最后，顺应需求引进"秒"来表示赛跑时间，感受秒是比分还短的时间单位。以上预设，抓住知识的连接点生长新的知识，有利于促进学生对时间的认知之整体形成。

二、循序感知，让量感的发展"有序"

通过看、听、记、学秒针走动的节奏等不同形式，调动多感官参与，让原本看不见、摸不着的"秒"变得形象、可感。感受5秒是从感受1秒到感受10秒的"过渡"，其方法、策略、情感将对学生估测更长的时间产生重要的影响。因此，在感受5秒有多长时，通过引导学生看秒针走动的轨迹，听、记、学秒针走动的节奏和利用自发的、个性化的生活经验做动作等多种形式的数学活动，帮助学生在头脑中建立深刻而清晰的"秒"的印象。在感受"1分有多长"时，将数秒活动融于"认识秒针走1圈是60秒""发现1分=60秒""比一比谁能把1分估得最准"等活动中，在获取知识的同时形成个体的感受。从1秒→5秒→10秒→1分循序而进，从（秒针）声形兼具→有形而无声→无形亦无声（节奏在心中），依托层层递进的数秒活动，促进学生对时间长度的感受步步深入。

三、多向体验，让量感的内化"可感"

时间单位不容易用具体的物体表现出来。所以，在认识1分=60秒后，我又一次把重点放在体验、感受上。先引导学生主动参与背诵乘法口诀、画一个人、从1开始按顺序写数、默读课文等具有实际生活意义的活动，说说自己在 1 分内能做的事情，为最终形成 1 分钟的时间观念提供感性材料的支撑。随后，结合生动、翔实的数据展示 1 分的时间在生产生活中的应用，让学生形象地感受到 1 分钟所能创造的价值。最后，通过对"看动画片"和"等红灯"这两个生活场景的再经历，进一步体验 1 分时间的长短、体会对时长感受的相对性。

  以上过程，一方面，从体验学习生活中 1 分钟能做的事情，纵向拓展到了解生产生活中 1 分钟所能创造的价值；另一方面，通过再经历"看动画片"与"等红灯"这两个生活场景，于横向对比中深化对时长的体验。如此一来，学生获取的关于"1 分有多长"的体验是全方位、多角度的，生动、深刻、完整。

课例 10：长方形与正方形

【课前思考】

"长方形与正方形"是北师大版二年级下册的学习内容。学生已经初步认识了长方形、正方形、平行四边形、三角形和圆，能进行直观辨认。认识了长度单位"厘米"，能借助刻度尺度量长度。认识了直角，能借助三角尺上的直角度量直角。在生活中，学生接触了大量存在的、附着于实物上的长方形或正方形的面，对它们的特点形成了一定的"感觉"；经历过从立体图形抽象出平面图形的过程，体会"面在体上""由体到面"；已有把一张长方形纸、正方形纸、圆形纸"折成完全相同的两部分"的"动手做"经验。

本课是学生首次深入图形的内部研究几何图形的特点，充分关注对学生研究图形方法的指导尤为必要。教学中，通过激活已有的直观辨认经验，引导学生抓住"边"和"角"两个维度来认识图形，继而利用量、折、比、画的方法展开研究，在掌握长方形与正方形特征的同时，积累丰富的数学活动经验，为后续学习做好铺垫。

【初次设计】

一、唤醒经验，聚焦核心

1. 从立体图形中抽象出平面图形。

图片展示学习用品，并把数学书封面上的长方形、转笔刀上的三角形、直尺上的平行四边形、橡皮擦上的正方形、小刀上的梯形、三角板上的三角形用红线框出。

（1）看一看：学生观察熟悉的学习用品上藏着的图形，把它们找出来（课件演示）。

（2）说一说：请学生说说自己在什么物体上观察到了什么图形。

2. 对平面图形进行分类。

（1）想一想：这6个图形各不相同，你能帮它们分分类吗？

（2）说一说：关于长方形和正方形，你已经知道什么？

二、探究特征，体验方法

1. 自主研究，发现特征。

（1）做一做：学生拿出教师事先准备好的长方形纸片（大小不相同的若干种）选择自己喜欢的方法来研究它的"边"和"角"，并和同桌说说自己的发现。

（2）汇报交流

（3）小结

师：我们通过研究发现，在长方形的4条边当中，对边相等，4个角都是直角。

2. 对比研究，内省特征。

（1）辨一辨：判断下列图形是不是长方形，并说一说你是怎样想的。

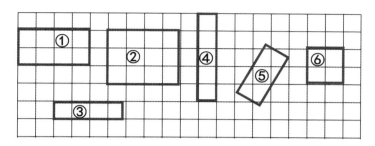

（2）认一认：课件动态展示⑤号图形"转身""蹦哒"后的样子，学生判断它究竟是不是长方形。

3. 方法迁移，生长新知。

（1）想一想：⑥号图形是不是长方形？

学生通过在方格纸上看，可以直接判断出该图形是一个正方形。

（2）说一说：学生试着说说正方形的边和角有什么特点？（适时板书：4 条边，都相等；4 个直角）

（3）做一做：用你喜欢的方法动手证明手中的粉色纸片是不是正方形。

4. 逐层推进，探求本质。

（1）看一看：老师画了 2 个长方形（如下图所示），仔细观察，猜猜哪个长方形大。

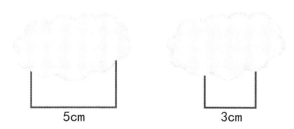

预设 1：如果左边长方形和右边长方形长得一样高，那左边长

方形就比较大，或者左边长方形不仅比右边长方形胖一些，还高一些，那左边长方形也会比较大。

预设2：如果左边长方形虽然比较胖，但是长得特别矮，而右边长方形虽瘦却高，那可能就是右边长方形大。

预设3：如果左边长方形碰巧3厘米高，而右边长方形刚好5厘米高，那么这两个图形就一样大。

师：可是，现在每个长方形都只知道一条边，你们能确定整个图形的大小吗？那你觉得至少要知道几条边？

……

（2）认一认。

师：数学上，像这样相邻的一组边，称为"邻边"，把长边的长度叫作"长"，短边的长度叫作"宽"。而如果出现像这样长和宽相等的特殊情况，就直接称每一条为"边"。

5. 引领回顾，梳理方法。

（1）理一理：回忆这节课用了什么方法研究长方形和正方形的特征。

（2）3个好朋友一起跟着牛牛老师学画画，"我说你猜"。

课件逐步出示数学信息及提示语：

a. 跳跳蛙说："我画的是一个正方形，一边是2厘米，另外三条边呢？"

学生独立思考后进行交流，着重让他们说清自己的想法。

b. 火帽子说："我画了一个长方形，一条边长4厘米，一条边长2厘米，另外两条边呢？"你能想象出这个长方形的样子吗？请拿出方格纸，试着在方格纸上把这个长方形画出来。

学生独立完成后进行交流。

c. 红袋鼠也忍不住跳出来了，说："我画的图形有 4 条边，4 个角都是直角。它可能是什么图形呢？"

红袋鼠进一步给出提示：两条相对的边长度相等。现在你能猜出是什么图形吗？"

红袋鼠给出第三个提示："把我画的图形剪下来，用它折出一个最大的正方形，正方形的边长是 8 厘米。"

d. 轮到牛牛老师隆重登场了，他说："我画的图形有 4 条边，你知道它是什么图形吗？"

……

【思考与调整】

一、从"进行图形分类"走向"寻找'与众不同'"

此设计旨在将学生的生活经验和已有的知识经验巧妙结合，从生活实例入手，抽象出大小不同和位置各异的长方形、正方形，充分体现了图形认识中抽象的数学思想和数学化的过程。通过展示不同大小和各式放置的图形，让学生充分观察、比较、辨析，进而分类。此时，他们关注到"一类图形"而不是"一个图形"的特征。由四边形的整体感知引出长方形与正方形特征的研究，让思维的焦点成功聚集于"边"和"角"这两个（认识图形特征的）维度。但是，通过试教，我们发现学生尚不具备将这 6 个图形正确进行分类的能力，通常在此处花费很长时间，且不管是分类结果还是对自身想法的描述都无法达到预期的效果。其实，"四边形的分类"相关知识编排在四年级下册。于是，我们作出调整，不从"分类"入手，回到学生的学习起点，从一年级时"能直观辨认长方形、正方形、平行四边形和三角形"的知识基础入手，让学生说说哪个图形与众不同，从而在不知不觉中关注图形的"边"与"角"。

二、从"关注知识获取"走向"关注方法指导"

在原设计中，探究新知的部分分五层推进：首先，通过简单的提示，指明研究方向和方法。其次，让学生运用长方形边和角的特征去判断一组图形，在对比中积累正、反两方面的辩证研究经验。然后，巧借⑥号图形，引发学生的已有认知与新知产生冲突，激起更为深刻的思考，让知识得以自然生长，为感悟长方形与正方形的关系搭桥铺路。紧接着，借助想象，实现对图形特征的认识由一维向二维推进，为以后学习三维图形做好学习方法的铺垫和空间观念的积累。最后，及时梳理研究图形的方法，在回顾的同时体会其多样性。试教后，暴露出以下三个方面的问题，我们适时做出了相应的调整。一是在教学长方形特征时只简单提出活动要求就一下子放手让学生去尝试探究边和角有什么特点，显然对学生的学习缺乏必要的方法指导，学生无从下手。调整为在探究长方形特征时分两个层次进行，即先"边"后"角"，且先共同交流方法后再选择自己喜欢的方法动手实践。二是在探究"正方形四条边都相等"时，学生出现多种不同验证方法，老师为按时完成教学内容选择不呈现这些资源，调整为适时展示学生中出现的合理资源，并顺势改进，通过教师的言语点拨引导全体学生共同体会。三是判断两个（只露部分，遮住部分的）图形大小，容易在直观图形的影响下把学生的思维引向比较两个图形面积的大小，不利于对长方形与正方形特征的建构，且难度较大，故删去。

三、从"延展图形认识"走向"深化新知建构"

初次设计的意图是巧妙地将教材中"练一练"所出现的三种习题类型融合于"画画"的练习情境中，由浅入深，逐步递进，既有效深化对长方形与正方形特征的认知、形成良好的数学技能，又将长方形、正方形、四边形之间的关系生动、形象地揭示出来。课的结尾与起始遥相呼应，把对长方形与正方形的认识放在"图形与几何"的知识框架中进行学习，有利于建构学生的整体感知。但试教后发现这样的活动设计已脱离了学生的学习实际，本课仅是学生探究图形特征的第 1 课时，研究图形与图形之间的相互关系为时过早了，已远远超出他们此时的能力范围。再次研读教材，我们决定对此环节作较大改动，删除整个练习情境，更改为先进行与本课相关的基本练习，再结合课件动态直观感悟"正方形是特殊的长方形"。

【二度设计】

一、唤醒经验，聚焦重点

1. 忆一忆：共同回忆一年级时学过的平面图形（长方形、正方形、平行四边形和圆）。

2. 说一说：在这四个图形中，你认为哪一个图形与众不同？为什么？

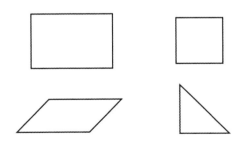

二、探究特征，体验方法

1. 自主探究，发现长方形的特征。

（1）指出学生关于长方形的边的猜想，启发思考：有什么办法能证明这样的猜想是对的？

（2）学生动手验证猜想，并和同桌说一说自己的发现。

（3）汇报交流。

2. 变式练习。

（1）判断不同放置的图形是否为长方形。

（2）小结长方形的特征。

3. 学法迁移，发现正方形的特征。

（1）指出学生关于正方形的特点的猜想。

（2）学生用刚才研究长方形的方法来研究正方形。

（3）交流汇报。

（4）小结。

4. 整理成表，沟通联系。

（1）把长方形与正方形的特点整理成表。

（2）说说长方形与正方形有什么相同点和不同点。

5. 自学课本，认识各部分名称（自学长方形与正方形各部分的名称）。

三、分层练习，深化认知

1. 完成"练一练"第 1 题。

请学生在方格纸上独立画出一个长方形和一个正方形，并说说它们的特点。

2. 完成"练一练"第 3 题。

课件出示题目，指名学生口答，并说清自己的想法。

3. 拓展延伸——"图形变变变"。

出示在方格纸背景下的长方形，不断变换图形的大小，请学生认一认"它还是长方形吗"。

【课后思考】

一、找准知识"联结点"，自然聚焦学习重点

通过回忆，既唤醒学生已有的知识经验，又体现图形认识中抽象的数学思想和数学化的过程。"说一说哪个图形是与众不同的"这一活动，一方面，引导学生将思维的焦点聚集于"边"和"角"这两个（认识图形特征的）维度；另一方面，诱发学生用自己的语言描述对长方形、正方形边与角的各种猜想，从而自然地引向对图形特征的主动探究。

二、把握学习"关键点"，自主感悟知识方法

首先，引导学生主动把研究长方形的方法迁移到对正方形特点的研究中来，并通过课件直观展示，突破对研究方法认识的难点，为后续学习积累多样化的图形研究经验。接着，与学生共同归纳、梳理、反思，进一步渗透学习方法的指导。最后，承接对长方形与正方形相同点与不同点的认识，通过自学，认识图形各部分名称，体会其合理性。

在本课"说说怎样能知道长方形的对边真的相等并动手量一量、折一折——展示交流——说说怎样能知道长方形的 4 个角都是直角并动手验证——展示交流——独立验证正方形边与角的特点并汇报交流"的递进过程中，教师在 3 个关键点精心设计核心提问，促使学生展开交流，从而获得知识与方法的感悟。

（一）抓住疑难点，展开追问

当个别学生提出用对折的方法能知道长方形对边相等的时候，教师并不急于针对此想法作出回应，而是面向全体学生展开追问"折的目的是什么"，于难点处加强指导，既避免一些学生漫无目的

地折，又渗透"在动手操作之前要先想清楚这样做的目的是什么"的方法指导。

（二）把握闪光点，适时提升

在学习材料上，有意向各小组分发大小不同的学习素材（长方形纸与正方形纸），当几位学生同样选择"量一量"这一方法研究长方形的边，却又汇报出各不相同的测量结果时，教师适时抛出问题："这几位同学研究的长方形大小一样吗，但是他们都有什么发现呢"，于细微处引导学生提升认识，初步感受从特殊到一般的归纳思想，使操作过程不仅是知识的获取、技能的熟练，更是学习类似内容的研究方法指导。

（三）捕捉生成点，随机调控

在介绍自己是怎样验证长方形的 4 个角都是直角这一活动中，当第一位学生上台展示交流时，教师提出要求"他边量，同学们边帮忙数一数量出了几个直角，好吗"，并把量出的 4 个直角依序编号。此处给出的时间和空间，成就了精彩的生成，有个别学生受边的研究经验启发，从"量 4 次"，联想到"对折 1 次，量 2 次"的方法，继而又有几位学生不约而同地想到"对折 2 次，量 1 次"即可，各个角都编了序号的那张纸又恰好能借以直观展现学生的思维过程，此时的课堂，因思维碰撞而智慧涌动。在后续独立验证正方形边的特点时，竟有个别学生受先前经验启发，通过"（沿对角线）对折，再对折"的方法把正方形的 4 条边全部重合在一起，以证明正方形的四条边都相等。最后，教师顺势请全班同学拿出长方形纸，都像这样折一折、摸一摸。经历以上过程，学生不断丰实对研究图形方法的体验。

三、紧扣方法"提升点"，自然建构知识网络

荷兰数学教育家弗赖登·塔尔曾说过："反思是数学思维活动的核心和动力。"通过反思，学生主动将经历提升为经验；通过反思，学生主动把所学知识纳入其认知结构。本课是学生探究图形特征的起始课，教师应引领学生进行及时的反思与总结，为后续教学埋下伏笔。

（一）感悟图形关系，主动实现知识串联

预设判断一个图形是否为长方形的游戏，激发学生自觉运用长方形与正方形边和角的特征来描述自己的判断依据，既让长方形与正方形的特征比较牢固地扎根于学生的认知结构中，又巧妙渗透长方形与正方形之间的关系。

（二）反思学习过程，自觉整理所学知识

在探究活动结束之后，教师引领学生依托板书，整理所学知识，主要围绕以下三个方面进行：1. 今天这节课，我们从"边"和"角"这两个方面来研究图形；2. 我们用的研究方法有"折""量""比"；3. 师生共同把长方形、正方形的特征梳理入表。

在反思中，让学生进一步感悟方法和经验。经历借助表格比较长方形与正方形的相同点和不同点的过程，感受到反思与整理的价值，从而更乐于反思，初步养成自觉整理所学知识的良好学习习惯。

（三）对比学习内容，自然建构知识网络

建构主义学习理论认为，学习不仅是对新知识的获取，同时也是对自身知识经验的重组，在反思中对原有经验不断修正和审视。因此，我还尝试跳出本节课，引导学生纵向展开对比与反思。课末，教师提出："同学们，我们在一年级的时候就已经认识，这是长

方形（手指板书），这是正方形了，对吧？那你知道今天学的和一年级学的有什么不一样吗？""二年级的同学，就算手里没有长方形，也能向别人介绍长方形是什么样子的，你准备怎样介绍呢？"以问题指引学生作为学习主体独立历经对比与反思的过程，主动将所得纳入原有认知结构，自然建构知识网络。

第五章　富有生长力的
数学课堂的作业设计

遵循教育规律，发展核心素养

　　作业是教学的重要组成部分，是促进学生认知能力和学习情感全面协调发展的重要途径，是教师用来检查教学效果、指导学生进一步学习的教学手段。教师通过学生作业可以随时了解他们的数学知识掌握、技能形成与思维发展等学习情况，并及时调节、改善教学。

　　传统的作业设计，常见形式和解答方法较为单一、固定，不利于充分暴露学生的思考过程，不利于察看和分析学生综合运用所学知识解决实际问题的能力现状。比如：填空题"两个数的和与一个数相乘，可以先把_____相乘，再_____，结果不变，这叫作_____，用字母表示是_____"，仅进行单纯的记忆再现，教师无法根据学生作业分析和判断其对乘法分配律的理解和应用情况。若修改为分析题"两个数的和与一个数相乘，可以先把两个加数分别与这个数相乘，再把积相加，结果不变，这叫作乘法分配律。请用你喜欢的方式（可以写一写、画一画或算一算等）表达自己对这句话的理解"，则可能惊喜地看到学生主动结合实际生活情境呈现对乘法分配律的个性化理解和应用。如此一来，教师不仅能了解学情，还能从学生作业中采集丰富多样的素材作为后续教学的资源，借助广泛的生活原型，引导学生在交流中活化对乘法分配律的内涵认识。此外，还能紧扣学生作业中的典型错误资源强化对易错点"只把其中一个加数与这个数相乘，再把积与另一个加数相加"的辨析，让他们对乘法分配律的认知可视化、立体化。

在国家"双减"政策背景下，科学、合理设计作业，是切实减轻学生过重课业负担的有效途径。教师不可忽视作业的教学功能和过程性评价作用，作业设计应解决真问题，突显核心素养立意。基于追本溯源，指向内涵理解；基于现实情境，指向生活应用；基于数学阅读，指向思辨明理；基于过程体验，指向思维进阶；基于知识统整，指向综合运用。设计符合课程标准、遵循教育规律、发展核心素养的作业，增强作业的针对性和有效性。

第一节　基于追本溯源，指向内涵理解

作业是课堂学习的有效补充和延伸，学生将所学到的知识在实践中加以运用，检验自己对所学知识与技能的理解和掌握程度，从而促进积极的自我反思，也利于教师诊断和完善教学指导过程。作业设计应突出对基本概念、基本原理的考查，强调对通性通法的深入理解和综合应用，即指向学习内容的重、难点，考查学生对知识的真正理解，这就需要追溯到数学知识的内涵、本质来认识。具体而言，可以在知识的生长点、关键点、融汇点下功夫，针对学生的认知痛点、学习困惑或易混淆之处进行设计，促进学生对知识本质的领悟，助其举一反三、触类旁通。

【作业设计 1】

下列关于数的表示，不正确的是（　　　　）。

A.10 个 ▦ 、5 个 ▦ 、7 个 ▮ 、8 个 ▨ ，共有 1578 个 ▨ 。

B. ▦ 如左图所示，算盘右起第一位是个位，则算盘上

表示的数读作三百零三万。

C. 泉州古城总面积约 <u>840000</u> 平方米，横线上的数改写成以

"万"为单位的数是 84 万。

D.2024 年 1 月 17 日，国家统计局发布数据显示，2023 年末我国全国人口 1409670000 人，横线上的数四舍五入到亿位约是 14 亿。

【分析与思考】

本题适用于学生学习四年级上册第一单元"认识更大的数"之后进行作业练习。选项 A，借助直观模型考查学生对计数单位"一""十""百""千""万"及其相互之间进率的理解，10 千、5 个百、7 个十和 8 个一，合起来是 10578。选项 B，结合算盘这一古老的计算工具，直观形象地理解大数的组成，并能正确进行认读，算盘上只有百万位和万位有 3 个计数单位，其余数位上均为 0，所以算盘上表示的数是 3030000，即三百零三万。选项 C，对应的知识点是大数的改写，考查学生能否准确提取数字信息并正确进行改写，同时渗透乡土文化教育。选项 D，结合中国人口总数的数据资料，让学生取大数四舍五入到亿位后的近似数，考查其对"四舍五入"的理解和运用。本题设计体现以下三个特点：第一，题干精炼，便于学生阅读、理解题意。第二，其内容覆盖面广，每个选项考查的侧重点有所不同。第三，各选项整体上针对该单元教材中的例题所对应的知识点进行结合应用，化零散为集中。综上，本题依托现实资料，通过紧扣单元知识重难点，让学生融会贯通运用所学知识全面分析和解决问题，发展数感。

【作业设计 2】

下面 4 种计算方法中涂色的部分，有（　　）个与右图竖式中涂色部分的"82"表示的意思相同。

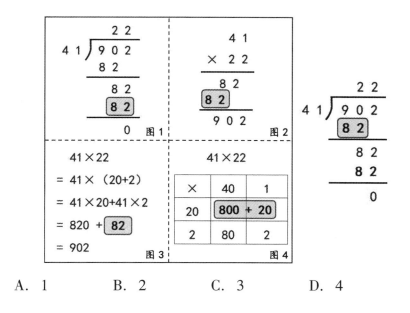

A. 1   B. 2   C. 3   D. 4

【分析与思考】

  本题适用于学生学习四年级上册第六单元"除法"之后进行作业练习。此前，学生已经具备三年级下册第三单元"乘法"、四年级上册第四单元"运算律"和第六单元"除法"的学习经历，积累了相关知识和经验。对多位数乘、除法算理的理解是学生运算学习中的难点，本题设计将乘法运算、除法运算以及运算律的相关知识融通，让学生在具体实例中进行对比辨析，进一步明晰算理。右图和图 1 呈现的是"三位数除以两位数"的竖式计算，其中右图涂色部分的"82"表示"20 个 41"，而图 1 涂色部分的"82"却表示"2 个 41"，此为除法竖式中的对比。图 2 和图 4 呈现的是"两位数乘两位数"的计算过程，两种计算方法中涂色部分"82"均指"20 个 41"，即与右图涂色部分的"82"表示的意思一致，有效沟通乘、除法竖式计算方法之间的联系。图 3 呈现的是运用乘法分配律简便运算"两位数乘两位数",学生在直观对比"20个41"和"2个41"的同时,进一步感受等值变形的运算本质。本题充分关注知识的形成过程,紧扣知识的本质,从不同维度理解和分析"82"表示的意义,让学生在不同的运算法则中找"相同",即异中求同也,从而再次厘清算理、沟通算法,增进对运算意义的理解,有效发展学生的数感、运算能力和推理意识。

【作业设计3】

淘气用 4 个正方体搭了一个立体图形(如左下图),并用示意图进行记录(图1)。若他按照相同的方式以图2记录了自己搭的另一个立体图形,那么从左面观察这个立体图形看到的形状是(   )。

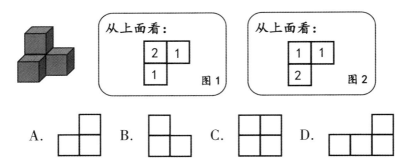

【分析与思考】

本题适用于学生学习四年级下册第四单元"观察物体"之后进行作业练习。题目给出了一个由 4 个小正方体搭成的立体图形以及淘气从上面观察该图形时所记录的示意图。学生首先须对这两者进行观察、比对,并分析、推测示意图中各数字的含义,理解淘气的记录方式,进而根据淘气的记录方式来解读图 2,通过想象还原出其所对应的立体图形。最后,运用本单元所学习的知识正确辨认从左面观察这个立体图形时所看到的模样。其中，选项 A 与 B 极具易混淆性，是针对教学内容的难点和学生实际学情进行设计的，强化对比和辨析；选项 C 和 D 则利于考查学生是否真正读懂了淘气的记录方式并正确还原出相应的立体图形。如上，这是一个"阅读素材→发现规则→运用规则"的过程，集观察、分析、想象和推理于一体，有效发展学生的空间观念，促进学生综合分析和解决问题能力的提升。

【作业设计 4】

有 5 个抽奖箱，箱内放有大小、质地相同的白球若干个，其数量如下表所示。

抽奖箱	A	B	C	D	E
白球数量/个	−3	0	+5	−8	+1

1. 根据统计表信息，完善如下统计图。

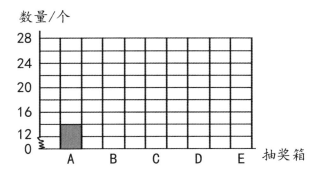

2. 平均每个箱子里有多少个白球？

3. 笑笑往每个抽奖箱里放入 15 个与白球大小、质地相同的黄球，她认为"这样放，每个抽奖箱里摸到黄球的可能性就一样了"。你同意笑笑的说法吗？请说明理由。

【分析与思考】

本题适用于学生学习四年级下册第六单元"数据的表示和分析"之后进行作业练习。此前学生具备四年级上册第七单元"生活中的负数"、第八单元"可能性"的学习经历，积累了相关知识和经验。解决第一个子问题，学生需将统计表与统计图相结合进行观察和分析，从统计图中获取信息"A箱里有14个白球"，在统计表中记录为"－3"，根据正、负数的意义分析得出以"17个白球"为标准，随后计算出其他箱子里白球的个数，进而将统计图补充完整。解决第二个子问题，不同学习水平和思维习惯的学生可以有不同的解决问题策略。其一，运用解决上一个问题时所得出的数据，直接将所有箱子里的白球个数相加，再求平均数。其二，直接根据统计图中的"直条"进行移多补少，得出平均数。其三，将统计表中的正负数数据进行"相互抵消"，抵消结果为"－5"，说明平均每个箱子里的白球数量比"标准"（17个）少1个，所以是16个。解决第三个子问题，学生需结合每个箱子里黄球、白球的数量结构进行分析、判断和说理。本题设计，将数与形相融，驱动学生主动运用"数形结合"的方式去整理思路、分析数据；创设个性化思考和表达的时空，允许学生有机会运用不同的方法解决问题，并在作业反馈与交流的过程中感受解决问题策略的多样化，让不同的学生在数学上得到不同的发展；搭建说理的平台，让学生用数据说话，在阐述自身观点、听懂他人想法的过程中，既发展思维的灵活性和发散性，又有效提升数据意识。

第二节　基于现实情境，指向生活应用

《义务教育数学课程标准（2022 年版）》在"评价建议"中指出：试题命制应"创设合理情境，根据考查意图，结合学生认知水平和生活经验，设计合理的生活情境、数学情境、科学情境，关注情境的真实性，适当引入数学文化"。作业设计何尝不是如此呢？教师结合具体的教学内容和学生的实际生活经验进行作业创编，突显作业的生动性和真实性，可以拉近数学学习与学生生活的距离，让学生在熟悉的情境中应用知识完成"对话"，在完成作业的过程中获得享受和放松，并感受数学知识的应用价值，进一步激发完成作业的兴趣，提升可持续学习能力。例如，立足学校开展的体育节、科技节、读书节等为学生所熟悉的活动情境设计作业。

【作业设计 1】

我校开展"阳光体育"篮球联赛，奇思在本场比赛中进了 x 个两分球和 5 个三分球，共得 21 分，求奇思进了几个两分球。下列方程不正确的是（　　　　）。

A. $2x+5\times3=21$　　　　　　　B. $21-2x=5\times3$

C. $5+2x=21\div3$　　　　　　　D. $2x=21-5\times3$

【分析与思考】

本题适用于学生学习四年级下册第五单元"认识方程"之后进行作业练习,考查学生"能用方程表示简单情境中的等量关系"。判断学生是否真正理解方程的意义,关键点在哪里呢?那就是看他们能不能将现实问题抽象成等式或方程,也就是将等量关系符号化。A 选项对应的等量关系是"两分球数量×2+三分球数量×3=总分",B 选项对应的等量关系是"总分−两分球数量×2=三分球数量×3",D 选项对应的等量关系是"总分−三分球数量×3=两分球数量×2"。学生在理解题意的基础上,将情境中隐含着的 3 个基于同一个数学模型却又有不同表现形式的等量关系式与各个选项中的方程一一对应,有效发展模型意识。此外,本题要求学生找出不正确的选项,也是针对学生"审题、析题能力较为薄弱"的现状,对他们进行细致阅读的意识与能力培养。

【作业设计 2】

四年一班在本次学校科技节的各项比赛中,平均每个项目有 10 人获奖。请你结合统计图进行判断,该班"小论文"这个项目有( )人获奖。

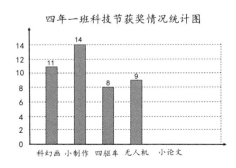

四年一班科技节获奖情况统计图

A. 8　　　　B. 9　　　　C. 10　　　　D. 11

【分析与思考】

本题适用于学生学习四年级下册第六单元"数据的表示与分析"之后进行作业练习。题目结合我校每年开展的科技节这一主题，考查学生是否真正理解了"平均数的意义"。本题设计突显以下两个特点：第一，给出了一组数据中的 4 个数据以及整组数据的平均数，让学生逆向思考缺少一个数据是多少，打破了常规设计中部分学生直接套用公式计算平均数的僵化模式。第二，以条形统计图为载体呈现数据，有利于学生主动运用"数形结合"的方法去分析、整理数据。比如，他们可以将"科幻画"获奖人数中比平均值多的 1 人"匀"给"无人机"，正好都有 10 人。再将"小制作"获奖人数中比平均值多的 4 人"匀"2 人给"四驱车"，其余 2 人"匀"给"小论文"，这样也正好都是 10。"小论文"获奖人数加上"匀来"的 2 人后是 10 人，那么它原来有 8 人。当然，学生还可以有不同的解决问题方法，但其思考过程必然指向平均数的本质，即"移多补少"，数据意识得到进一步发展。无论学生是通过运算解决问题，依托统计图展开分析，还是借助内部语言进行推理，都于现实情境中沉浸思考。

【作业设计 3】

2021 年教育部发布通知，加强中小学生作业、睡眠、手机、读物、体质管理（简称"五项管理"）。为了做好"读物管理"，学校图书馆要添置一些新书，图书管理员周老师想知道大多数同学最喜欢看什么类型的书。那么，以下收集数据的方法中合理的是（　　）。

　　A. 找每个班级统计每一名学生一年读多少本书。

　　B. 找一个班统计学生最喜欢看什么类型的书。

　　C. 找每个年级的一部分学生统计他们最喜欢看什么类型的书。

　　D. 在操场上找几名学生问一问他们最喜欢看什么类型的书。

【分析与思考】

　　本题适用于学生学习二年级下册第八单元"调查与记录"之后进行作业练习。作业设计不仅要关注学生数学学习水平，更要关注他们在数学活动中所表现出来的情感与态度，既体现知识与能力的价值，也体现作为社会人的情感价值。在"双减"和"五项管理"政策背景下，学校积极响应并实行了"5+2"课后延时服务，学生在校阅读时间变长。基于这样的现实素材，我们进行了本题创编，以学生所喜闻乐见的"购买阅读书籍"为切入点，贴近学生生活。选项A，调查统计每一名学生一年读多少本书，调查内容没有针对性；选项B，调查统计一个班学生最喜欢看什么类型的书，调查对象不具有代表性；选项D，调查方法过于随意；选项C，通过抽样调查获取数据，具有代表性，最合理。学生在对选项进行阅读、对比、辨析的过程中，感受调查与统计应有科学的方法和严谨的态度，发展数据意识和实践应用能力。

【作业设计4】

　　一年一度的"读书节"快到了，学校图书管理员周老师打算采购一批图书，清单如下：

书名	单价/元	数量/本
时代广场的蟋蟀	20.10	12
跟着诗词去旅行	22.80	20
有趣的汉字	19.90	12

1. 请在下图中标出 22.80 和 19.90 的位置。

2. 根据上图清单，选择你喜欢的两种图书，帮周老师算一算图书馆采购这两种书一共需要多少钱。

3. 观察下图订单，周老师符合参加"满 1000 减 300"这个优惠条件吗？如果不符合，请你适当调整购书清单，让本次购书符合该促销活动的优惠条件。

当当网 满1000减300（全场包邮）

时代广场的蟋蟀
¥20.10
×12

跟着诗词去旅行
¥22.80
×20

有趣的汉字
¥19.90
×12

合计:¥ 936.00

【分析与思考】

本题适用于学生学习四年级下册第三单元"小数乘法"之后进行作业练习。此前学生已经具备四年级下册第一单元"小数的意义和加减法"的学习经历，积累了相关知识和经验。网络购物不仅方便，而且实惠。根据这一特点，我们结合学校一年一度的"读书节"活动，由"当当网购书"这一生活情境展开命题，设计了以上三个各具明确方向且互不交叉的子问题。

第一个子问题的考查目标指向"理解小数的意义"。依托"数线"这一直观手段，给出了"20.10"所在的位置，学生需要先根据"20.10"确认"20""21""22"等数据点，然后，结合小数的意义，找到"19.90"和"22.80"所在的位置。当然，他们也可以凭借"20.10"所在的位置直接推断"19.90"和"22.80"的位置，这更有利于感知数与数之间的相对大小关系，且为解决下面的子问题埋下伏笔。据教学经验进行预测，部分学生虽能将"数"与"线"结合进行分析得出"每个小格表示0.1"，却未能依照正常的数序数出"19.90"所在的位置，这将为后续改进教学指明方向：我们应该更加注重引导学生进行有序的观察和思考。显然，本题有利于考查学生的"几何直观"这一核心素养表现。第二个子问题，让学生选择自己喜欢的两种图书，帮周老师计算出按清单购买这两种图书所需的总钱数，具有较大的开放性。可以自由选择图书进行购买，这种方式易于受学生所喜爱，利于他们在考查过程中获得良好的情绪体验。在这个子问题中有意识地进行了巧妙的数据设计，初阅，学生可以选择第1、2种图书进行购买，也可以选择第1、3种，还可以选择第2、3种图书进行购买。但是若能仔细观察数据，就会发现《时代广场的蟋蟀》和《有趣的汉字》这两本书的单价可以凑成整十数，且购买的本数相同。善于观察、分析数据的学生就可以运用乘法分配律，通过计算"（20.10+19.90）×12"来解决问题，突显解决问题策略的优化。以往的解答题，习惯于让学生计算总价是多少，但在实际生活中，经常都不需要我们自己去计算，比如我们将书籍加入购物车时，计算机已经自动计出总价，如上第三个子问题所示订单，单价、数量、总价一目了然。因此，本题突显了"弱化计算，重在应用"的设计理念。首先，考查学生是否能读懂题意，并从图示中提取有用的数学信息"这些图书的总价是936元""参与优惠活动的条件是'满1000元'"。其次，尝试调整购书清单，考查学生主动应用所学知识分析、解决实际问题的意识和能力。最后，引领学生体会解决问题策略的多样性，学生通过观察、分析、计算，不难发现，想让周老师符合优惠条件，可以多购买3本《时代广场的蟋蟀》，也可以多购买2本《跟着诗词去旅行》，还可以多购买3本《有趣的汉字》，或者多购买2本《时代广场的蟋蟀》和1本《有趣的汉字》等。数感较好的孩子，甚至可以通过估算来解决问题。在以上设计中，学生各自不同的想法里，承载着小数加法、乘法在解决实际生活问题中的灵活应用，发展学生的数感和运算能力。

第三节　基于数学阅读，指向思辨明理

在作业过程中，阅读是获取信息的重要途径，包括对题目的解读和对图表信息的提取等，而思考则是对所获取的信息进行深入分析、理解，进而形成自身见解的过程。两者相辅相承，不可分割。这正如苏霍姆林斯基所言，用形象的话来说，阅读既是思考的大船借以航行的帆，也是鼓帆前进的风。数学语言带有学科特点，比如系统性、关联性、推演性，这是最需要关注的内容。而学生常常会用语文阅读思维来展开，因此，教师应引导学生抓住题干多元信息中的重点，在"读"中促思，在"思"中明理。

【作业设计1】

淘气书包里的量角器不小心压碎了（如右图），下面（　　）角用这块破的量角器不能一次画出来。

A.25°　　B.40°　　C.60°　　D.100°

【分析与思考】

本题适用于学生学习四年级上册第二单元"线与角"之后进行作业练习。《义务教育数学课程标准（2022年版）》在"图形与几何"领域的"教学内容"中指出:"学生经历统一度量单位的过程,感受统一度量单位的意义,基于度量单位理解图形长度、角度、周长、面积和体积。"在学生掌握常规的量角、画角等知识与技能基础上,教师应引导学生充分关注角的度量本质,从而建立起知识间的联系,建构认知体系。本题设计量角器非起点测量的变式情境,考查学生思维的深刻性和灵活性。其一,40°、60°、100°这三个度数都在这块残缺的量角器上出现,却有的画不了,"逼"着学生在寻找解决问题策略的过程中,进一步理解角的度量与长度、面积、质量等其他形式度量之间的相同实质,即都是用统一的计量标准进行测量,都是"基本量"的累加。其二,用量角器测量角度的基本方法,其实是以 0° 为测量起点,包含几个 1°,这个角就是几度。而在这块残缺的量角器上找不到"常规"起点了,怎么办呢?学生要能理解"只要将终点刻度与起点刻度相减,就能得到角的度数了",变的是测量的起点,不变的是角的度量本质。本题设计在变与不变的辨析中聚焦概念的内涵,渗透数学思想。

【作业设计2】

结合图示读懂淘气的话,再想一想,这幅图还可以表示下面( )算式的计算道理。

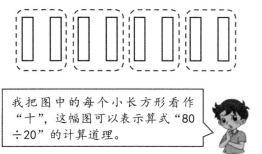

我把图中的每个小长方形看作"十",这幅图可以表示算式"80÷20"的计算道理。

A. $800 \div 20$　　B. $800 \div 100$　　C. $800 \div 200$　　D. $8000 \div 200$

【分析与思考】

本题适用于学生学习四年级上册第六单元"除法"第一课时"除数是整十数的除法"之后进行作业练习，考查学生结合图示理解抽象算式含义的水平。题干由文字搭配图示组成，简洁、清晰。4个选项的设计也各有具体目标，与算式"$80 \div 20$"相比，选项A"$800 \div 20$"的除数不变、被除数变大了，即若把每个小长方形依然看作"十"，800里面应包含40份虚线所圈示部分，与图示不符。选项B"$800 \div 100$"，若把图中的每个小长方形看作"百"，800里面应包含8个"百"，也与图示不符。选项C"$800 \div 200$"，除数和被除数都扩大到了原来的10倍，即若把每个小长方形看作"百"，800里面包含4个200，此为本题的正确选项。同理类推，选项D"$8000 \div 20$"与图示不相符。本题利用直观图蕴含总量与每份量之间的关系，为学生提供表象支撑，有利于他们在"数"与"形"的一一对应中，获得更深刻的理解，体会除法算式之间的联系。此外，本题设计有意渗透商不变的规律，促进学生在对比中实现方法的迁移，感悟"除数是整百数的除法"的口算方法和计算道理。

【作业设计3】

下图是淘气家到学校的路线图。淘气的步行速度是70米/分，跑步速度是300米/分。他早上8：10出门，如果只走路，能在8：20前到达学校吗？如果能，请说明理由；如果不能，请你给她一个合理的建议。

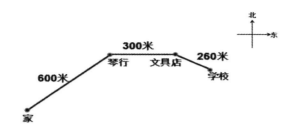

【分析与思考】

本题适用于学生学习四年级上册第六单元"除法"之后进行作业练习。此前学生已经具备了本册第五单元"方向与位置"的学习经历，积累了相关知识和经验。本题设计将丰富的数学信息融入题干文字描述与图示中，着力指向引导学生"会用数学的眼光去观察世界"，主动联系生活实际分析并解决问题，避免直接套用公式进行单纯计算的机械式训练。如此设计，让作业过程成为学生经历独立分析与判断的思维过程，化"解决问题"为"问题解决"。在"给出合理建议"时，有的学生建议淘气提早出发，并通过计算得出"8：03 之前就出发才来得及"的结论；有的学生则建议淘气将"走"与"跑"相结合，$70 \times 8 + 300 \times 2 = 1160$（米），而从家到学校的路程也是 1160 米（600+300+260），刚刚好。开放式的题目设计，为不同学习水平的学生创设了"自由发挥"的平台，在发展数感和运算能力的同时，突显了推理意识、应用意识和创新意识的培养。

【作业设计 4】

你能看懂吗？下面这幅统计图可能表示下面哪些情境？请结合数据说明理由。

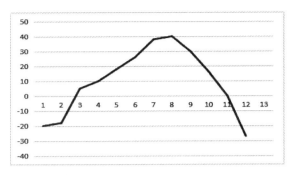

1. 妙想体温变化情况

2. 哈尔滨一年的气温变化情况

3. 便民超市一年的经营变化情况

4. 12 名同学跳绳成绩情况

【分析与思考】

本题适用于学生学习四年级下册第八单元"数据的表示和分析"之后进行作业练习，此前学生已经具备了四年级上册第七单元"生活中的负数"的学习经历，积累了相关知识和经验。本题设计指向学生数据意识的发展。"数据意识"是《义务教育数学课程标准（2022 年版）》提出的学生数学学科核心素养表现之一。它主要是指对数据的意义和随机性的感悟，培养学生逐步养成用数据说话的习惯。本题所呈现的折线统计图具备两个"亮点"：其一，只有横轴、纵轴数据和一条折线，没有任何项目说明；其二，纵轴数据既包含 0 和正数，又包含了负数。正因如此，为问题解决留出了很大的观察、思考和想象空间。首先，学生需要进行细致、充分的信息提取，即读图；随后，学生结合自身的学习和生活经验进行分析、判断。在第一个情境中，人的体温不可能出现负数。在第二个情境中，学生从一年四季的气温变化规律入手，发现正好与数、与形相吻合，基于生活经验进行有理有据的说理表达。在第三个情境中，学生需应用对正、负数意义的理解来解读统计图中各个部分折线表示的含义，恰恰体现了"用数学的思维思考现实世界"，而部分学生因缺乏体验所产生的困惑，正好可以在作业反馈中通过交流得以释疑。在第四个情境中，进一步考查学生是否真正理解了"正、负数是一对表示相反意义的量"。针对后两个情境进行说理，对学生而言富有挑战性，但越是这样戳中"痛点"，越能够为教师进一步改进教学指明方向，学生在此处的解答往往暴露出他们对于"基准不一定是'0'"的认识与理解是不到位的，后续教学应着力突破。回顾学生解答本题的过程，其实就是经历深度阅读、思考和说理的全过程，这是在"三会"目标统领下开展的有意义的学习活动。

第四节　基于过程体验，指向思维进阶

随着"双减"政策的落地，有效作业成为"减负提质"的重要手段。作为课堂的延续和补充，作业是学生拓展思维空间、发展创新意识的重要渠道。这就需要教师在进行作业设计时，要找准学生的认知起点，探寻学生数学思维的生长点，以动态进阶的眼光看待他们的学习，让作业成为任务驱动下的开放性"学习任务"，由浅入深，由表及里，并在作业实施和反馈过程中进一步发现学生的"迷思"，持续提供必要的教学支持，更好地促进学生的思维进阶。

【作业设计】

2016年9月起，台风"莫兰蒂""鲇鱼""暹芭"相继登陆我市。

1. 据统计，台风"莫兰蒂"造成我市受灾人口681424人，因灾直接经济总损失约3900000000元。在图上标一标，按要求填一填。

将受灾人口数四舍五入到"万"位

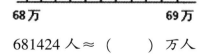

681424人 ≈ （　　　）万人

将经济总损失数改写成以"亿"为单位

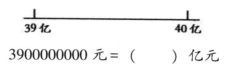

3900000000 元 = （   ）亿元

2. 因受台风"鲇鱼"的影响，接到学校停课通知，笑笑赶紧从学校出发，11 分钟能否到家？

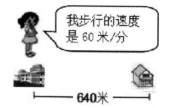

我步行的速度是 60 米/分

640 米

3. 下图是这三个台风登陆地点的平面图，依稀可见"莫兰蒂"登陆地所在的位置是（3，3），"鲇鱼"登陆地所在的位置是（5，4）。那么，用数对表示"暹芭"登陆地的位置是（   ，   ），请试着说明理由。

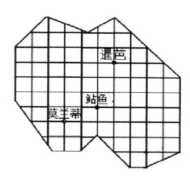

【分析与思考】

本题适用于学生学习四年级上册第一单元"认识更大的数"、第五单元"方向与位置"、第六单元"除法"之后进行作业练习。本题设计立足开学初频发的"台风"这一现实情境，设计三个指向各不相同的子问题，既考查学生基础知识和基本技能的掌握情况，又考查他们观察、思考和解决问题的水平，并在后续的反馈交流中渗透依托几何直观分析问题、借助数学模型解决问题以及从不同角度思考问题等解决问题策略与方法的指导。

第一个子问题对应的知识点是"近似数"和"数的改写"。在传统的作业设计及命题中，考查这两个知识点的形式通常是填空。而我们大胆地引入了"数线"，利用距离关系架起几何直观与抽象说理之间的桥梁。当学生在数线上标出 681424 的位置后（如图1），是不是一眼就能看出它更接近 68 万呢？为什么 681424 和 68 万在数线上是两个不同的点，而 3900000000 和 39 亿在数线上却是同一个点（如图2）？此时，精确数与近似数的区别显而易见！学生在获得数感发展的同时，充分感受几何直观的作用。

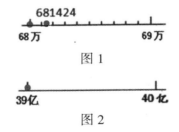

图1

图2

第二个子问题的设计具备以下三个特点：一是考查学生对路程、时间与速度三者之间数量关系的掌握，通过解决这类实际问题，感受模型思想。二是解决问题策略的多样化，学生可以选择"比路程""比时间"或"比速度"等不同维度进行思考并得出结果。三是巧妙安排了"640、60、11"这组数据，涉及的运算类型可以是两位数乘两位数的乘法运算，也可以是三位数除以整十数或三位数除以一般两位数的除法运算，还可以借助估算解决问题。学生通过多样化解决问题策略的交流，拓宽思维的广度，延展思维的深度。

第三个子问题指向的目标是“体会数对与方格纸上的点的对应关系，能在方格纸上用数对确定位置，发展空间观念与推理意识”。关于这个内容，传统的考核形式是直接提供完整的方格图，请学生用数对描述某一具体位置，这容易使学生的推理意识和空间想象处于表面阶段，受到认知思维定式的束缚。本题作大胆的创新设计，根据三个台风登陆的相对位置关系，给出了一张残缺的方格图，触动学生去思考。他们在解决问题的过程中，可能是通过已知点复原出完整的方格图（如图3）或局部的方格图（如图4），也可能是通过已知两个数对的相对位置推理出“行”和“列”从而得出第三个数对（如图5），还可能是通过已知两个数对的相对位置直接推理出第三个数对（如图6）。无论学生采用的是何种方式，他们的思维都真正“动”了起来，方格图在头脑中“活”了起来，积累了有意义的空间想象经验，发展推理意识，促进素养提升。

暹芭
鲇鱼
莫兰蒂
1 2 3 4 5 6 7 8 9 10

图3

的位置是（3，3），“鲇鱼”
用数对表示“暹芭”登陆
理由。
暹芭
鲇鱼
莫兰蒂
答：因为莫兰蒂的位置是（3，3）但是图上只有2排
2列，只要补上一排一列，然后把一大排、一大列都
图是这三个台风登陆地点的平面图，受侵蚀而残缺不全，
可见“莫兰蒂”登陆地所在的位置是（3，3），“鲇鱼”
所在的位置是（5，4）。那么，用数对表示“暹芭”登陆
置是（6，7），请试着说明理由。
先画出底部的残缺部分，就能确定“暹芭”

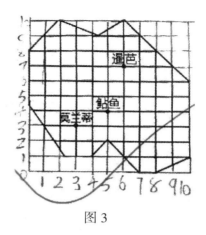

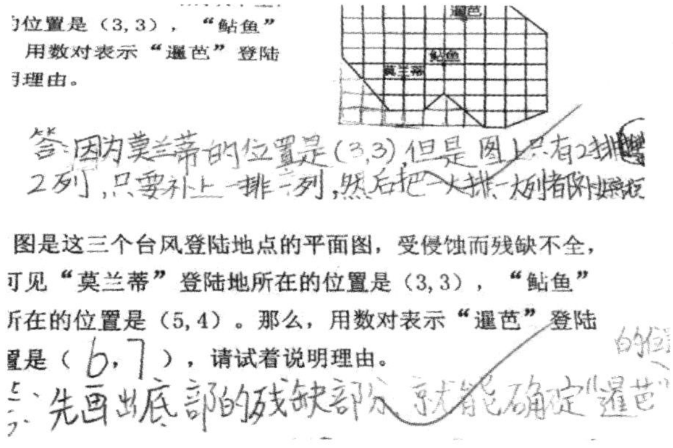

图4

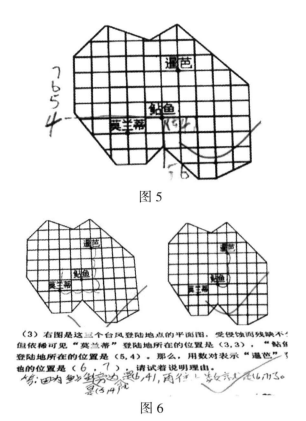

图 5

图 6

（3）右图是这三个台风登陆地点的平面图，受侵蚀而残缺不全，但依稀可见"莫兰蒂"登陆地所在的位置是（3,3），"鲇鱼"登陆地所在的位置是（5,4）。那么，用数对表示"遥芭"登陆地的位置是（6，7），请试着说明理由。

答：因为数对第一个是6,4，再往上数就是6,7。是（3,4）楼

综上所述，三个问题由易到难，逐步推进，不以生硬的知识记忆和机械的计算训练为目标，而是充分关注学生是否进行细致的观察、独立的思考从而解决问题，即关注学生高层次认知能力的培养。

第五节　基于知识统整，指向综合运用

　　如果作业设计仅仅停留在让学生记忆和理解，那么学习就只是浅层的，实现的只是思维的"点"状提升。如果作业设计能够引导学生沟通知识之间的联系，"看"到它们背后相同的本质，将促使学生的学习逐步走向深入，达到思维的"线"上串联。如果作业设计还能够引领学生"由此及彼"，进行拓展应用，那么实现的就是思维的"面"上延展。理想的作业过程，是学生从基础知识的"点"走向基于知识脉络的"线"和"面"，学生从"了解""理解""掌握"走向"应用"，思维呈现生长态势。因此，在作业设计中，教师不仅要注重引导学生对情境中的数学信息进行充分的观察、提取和概括，还应充分关注促使学生联系已有知识经验进行联想、加工，以结构化的视角和思维实现问题解决。

【作业设计1】

　　关于算式"9÷0.88"，下面说法正确的是（　　）。

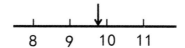

　　A. 图中箭头所指的位置是商的大概位置

　　B. 该算式的商是循环小数

C. 求得商 10 时，余数是 20 个一

D.1 港元兑换人民币 0.88 元，则 9 港元兑换人民币（9÷0.88）元

【分析与思考】

本题适用于学生学习五年级上册第一单元"小数除法"之后进行作业练习。选项 A，以数线为载体，请学生估一估商的大概位置，学生需要对算式进行整体观察，然后根据被除数、除数和商之间的关系做出合理估算，除数 0.88 接近 0.9 但比 0.9 略小，所以商应比 10 略大。选项 B，请学生判断该算式的商是否为循环小数，可以通过笔算的方式得出结果"10.227"，从而作出判断，也可以根据商不变的规律将算式转化为 900÷88，88 有因数 11，所以该商为循环小数。选项 C，涉及对商中补 0 及余数数值的理解，明晰竖式计算过程中关键处的计算道理。选项 D，应用小数乘法或除法解决人民币与港币的兑换问题，既是对除法算式的合理运用，又感受数学与日常生活的密切联系。以上 4 个选项涵盖了本单元的大部分知识点，按照小数除法的估算→算法→算理→应用的顺序进行呈现，蕴含着对知识的有序梳理，有利于发展学生的估算意识和能力，沟通算法与算理之间的联系，有效提升学生的数感、运算能力和推理意识，培养学生的应用意识。

【作业设计 2】

下列（　　）幅图不能用"$\frac{1}{3}×6$"来表示。

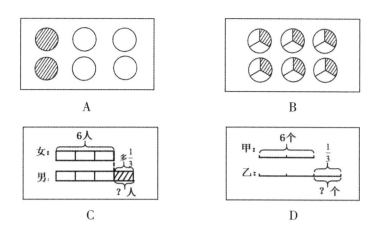

A

B

C

D

【分析与思考】

本题适用于学生学习五年级下册第三单元"分数乘法"中的"分数乘整数"之后进行作业练习。借助选项 A 和 B，学生依托几何直观进行对比辨析，从本质上理解分数乘整数的两重意义，即"求一个数的几分之几是多少"和"求几个几分之几是多少"。选项 C 和 D 则是在两个量的对比情境里，针对学生应用中的易错点再度进行对比辨析，深化对分数意义的理解。通过这样的作业设计，我们能从反馈结果中清楚地看出学生是否亲身经历了知识的形成过程，知其然且知其所以然。本题考查学生是否已将分数乘整数的新知和学习整数乘法的先前经验进行有效链接，实现知识的迁移和经验的重组。

【作业设计 3】

☆和□分别表示一个数，下列（   ）算式的结果可能在 3 至 4 之间？

A. 36.7÷100   B. 4.1×1.07   C. ☆.02×0.95   D. □.□7×0.3

【分析与思考】

本题适用于学生学习四年级下册第三单元"小数乘法"之后进行作业练习。四个选项整体上是针对该单元教材中例题所对应的知识点进行综合应用，看似简单，实则将知识巧妙相串。题目中每个选项的侧重点各有不同。选项 A 考查的是小数点移动引起小数大小变化的规律。选项 B 考查的是当一个乘数大于 1 时积与另一个乘数之间的大小关系。不难看出，学生根据规律就可以直接得出以上两个选项中算式的结果，将它们排除。在选项 C 中，乘数 0.95 比 1 小，所以乘积一定会小于第一个乘数，但是 0.95 又与 1 很接近，所以要使结果在 3 至 4 之间的话，☆至少应代表 3。至此，学生可以通过"穷举"所有可能的结果，即 $3.02×0.95 = 2.869$，$4.02×0.95 = 3.819$，从而确认当☆代表 4 时，该选项是符合题干要求的；学生还可以通过估算与推理的完美结合来获取结果，显然 $3.02×0.95 < 3$，那么 $4.02×0.95$ 的结果就必然在 3 到 4 之间。在选项 D 中，乘数 0.3 比 1 小很多，所以该算式的乘积会比第一个乘数小很多，那么要使结果在 3 至 4 之间，□中就要尽量填大一点的数，最大只能填 9。假如填 9，因为 $10×0.3 = 3$，所以 $9.97×3 < 3$，该选项的结果不符合题干要求。在本题中，学生需综合运用排除法、穷举法、估算、推理等多种方法思考和解决问题，有效发展数感、运算能力、符号意识和推理意识。

【作业设计 4】

下面是一堵墙的平面图，要求它的面积，笑笑的想法最不可能是（　　　）。

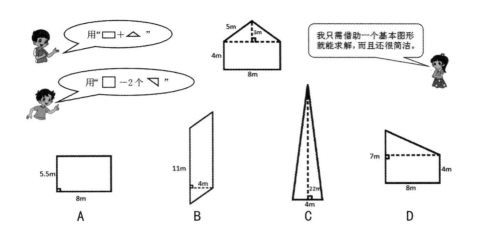

【分析与思考】

本题适用于学生学习五年级上册第六单元"组合图形的面积"之后进行作业练习，此前学生已经具备了本册第二单元"轴对称和平移"、第四单元"多边形的面积"的学习经历，积累了相关知识和经验。选项 A，把等腰三角形沿两条腰的中点分割，再沿对称轴分割成两个小三角形填补在左右两侧（如图 1），形成一个长 8m、宽 5.5m 的长方形，感受"以盈补虚"的思想方法。选项 B，将整个图形沿对称轴分割成左右两边，再历经平移和旋转组合成一个底 11m、高 4m 的平行四边形（如图 2），感受"转化"的思想方法。选项 D，将三角形"变身"成一个等底等高的直角三角形，再与长方形组合，形成一个上底 4m、下底 7m、高 8m 的梯形（如图 3），感受"等积变形"的思想方法。选项 C，虽经过多次分割与添补可以实现题干要求，但不符合图示中笑笑说的"很简洁"，感受"删繁就简"的思维方式。四个备选图依照学生认识图形的先后进行排序，图中标注的数据可成为学生展开想象时的依托。四个选项分别为四幅图的有序搭配，促使学生进行全面的思考。一方面，学生体验数学学习的无穷魅力，发展空间观念和创新意识；另一方面，学生充分感受中国古代数学家刘徽所提出的"出入相补"原理，受到数学文化的感染和熏陶。本题设计源于对北师大版五年级上册教材习题（图4）的改编，为学生创设活化思维的时空。

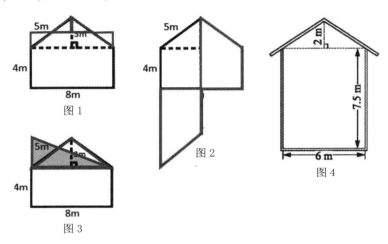

图1

图2

图3

图4

【作业设计5】

小明和小亮进行投篮比赛，比了5轮，每轮各投50次，情况如下图所示。根据统计图回答问题。

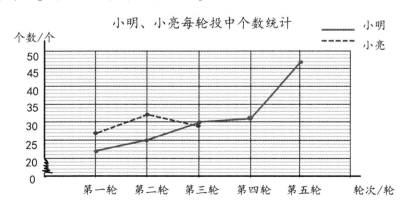

1. 你同意谁的说法？为什么？

体育委员

小明平均每轮投中28个。

错了，错了！

小明

2. 小亮第五轮投中 30 个，平均成绩也是 30 个，请你将统计图补充完整。

3. 你想选谁参加学校的投篮比赛？请说明理由。

【分析与思考】

本题适用于学生学习五年级下册第八单元"数据的表示和分析"之后进行作业练习。解决第一个子问题，学生需先从统计图中获取小明五轮比赛的成绩信息，随后可以借助统计图直观看出他前四轮比赛的成绩 2 轮在 28 个以上、2 轮在 28 个以下，平均成绩在 28 个左右，而第五轮的成绩明显偏高。所以，小明五轮的平均成绩肯定不止 28 个。当然，学生也可以通过计算得出小明五轮比赛的平均成绩是 31 个。解决第二个子问题有多样化的策略，学生可以依托统计图直观地在头脑中对 27、32、29 这三个数据进行移多补少，发现还差 2 个才能达到平均 30 个的水平，所以第四轮的成绩要达到比平均成绩高 2 个，即 32 个；也可以计算出前四轮的总成绩再减去前三轮的成绩；还可以计算出五轮的总成绩再减去前四轮的成绩之和，进而将统计图补充完整。解决第三个子问题，学生需要对统计图上体现出来的两组数据进行充分的对比和分析。可以选择小明，因为他的成绩在不断进步，预测按这样的发展趋势，他的成绩还可能越来越好，参加比赛很有希望获胜；还因为他五轮投中的平均个数比小亮高。也可以选择小亮，其一，他的成绩很稳定，预测在比赛中可以正常发挥；其二，在五轮比赛中，他有三轮成绩高于小明；其三，若去掉投中的最高个数和最低个数，分别计算投中的平均个数，小亮高于小明。以上每一个问题的解决，都允许学生有不同的想法和个性化的表达，合理即可。本题将"复式折线统计图"和"平均数的再认识"这两部分知识的考察完美相融，实现教材单元标题"数据的表示与分析"中"表示"与"分析"的和谐统一。当平均数遇上统计图，它变得形象、可感，作业设计巧借极端数据的影响，探明学生是否真正理解了平均数是"刻画数据集中趋势的统计量"；当统计图邂逅平均数，它仿佛被赋予了更加鲜活的生命力，作业设计巧借现实问题情境，让统计图上的数据"会说话"，引导学生展开充分的说理活动，深刻感悟数据可以用来描述现象、进行判断和作出预测。综上，学生真正深入到统计思想产生和发展的全过程，进一步发展数据意识。

我的教育感悟：一棵树摇动另一棵树

曾经，在我所带的班级里，外来工子女大约占四分之一。他们大都有着这样的特点：学习基础差、知识面不够广、学习习惯不好、文明意识比较淡薄、上学迟到、随意横穿马路、不爱与人交流等。在教育过程中，我始终坚持耐心的教育，甚至还尝试当过"代理家长"，但一次又一次地遭遇困惑。我在深思：外来工子女的教育上的关键的"点"究竟在哪儿呢？当我看到这样一句话："一棵树摇动另一棵树，一朵云推动另一朵云，一个灵魂唤醒另一个灵魂。"（德国著名心理学家、教育家卡尔·雅斯贝尔斯在《什么是教育》一书中这样阐释教育的本质）这短短的一句话深深地打动了我！是的，对于夹杂着强烈的求知欲与严重自卑心理的矛盾的外来工子女这个群体，教育绝不仅仅是语言的传递与交流，不仅仅是简单的"告诉"——告诉孩子们"你应该怎么做""你不应该怎么做"，而应该是一个"渗入"的过程，就像春雨均匀、轻柔地洒向大地，慢慢地、慢慢地，一丝丝、一点点地"渗入"泥土，入髓的温润，却无声。

"我属猫"

班上插班来了一位新同学，我早早地到教务室摸清他的"底细"，牢牢地把"林小稳"这三个字记在心里。踩着课前音乐声来到教室，"哈罗，小稳，欢迎你!"我微笑着与怯生生地站在教室门口的小男孩打招呼（没有得到回应）。我轻轻地摸了摸他的头："从哪儿转学来的呀?""老家在哪里?""今年几岁了?"他瞪大眼睛望着我。我蹲下来，握着他的小手："咦，那你是属啥的呀?""我属猫!"这回，瞪大眼睛的是我!但我告诉自己：要微笑。课上，我不露声色地留心着他，发现他表现得特别规矩，坐得十分端正，但显得很刻意，明显并非真正专注于课堂，眼神里还露出一丝恐慌，感觉他离我好远。

　　第二天，机会在不经意间悄悄地来了，小稳一个人在操场边的沙坑玩，不小心间重重地摔在沙坑里，瞬时，委屈的泪水夺眶而出。正在操场上值日护导的我飞快地冲上前去，取下一张纸巾擦干他的眼泪，微笑着对他说："孩子，请把你的手给我。"或许是那脏兮兮而且渗着点血丝的小手让他有几分心虚吧，我看得出他犹豫了一下。这时，我飞快地再用仅存的另一张纸巾细细地擦去他手上的血丝及泥沙。我笑着问他："原来这里有老鼠呀?"他竟冲我不好意思地笑了。这一笑，让我很开心。这一笑，也是我后续对其教育的良好的沟通的开始。记得，上学期转学来的四川小姑娘雯雯就是在不好意思地笑着在我面前擦去潦草的字迹并重新一个字一个字工整地写好而开始新的教育转机的。还有，因父母打工太忙疏于教导、从小"擅长"打架的东北孩子贺喜，就是哭着对我说"老师，您这么喜欢我，我再也不和小朋友打架了"，从此"金盆洗手"的。"善歌者使人继其声，善教者使人继其志"，很好地诠释了教学的真谛。善教的人，不仅使人明晓事物的道理，而且使学生感到自求自得的必要，自然地继承教师的志愿。教师更需要以至诚的言行来感动学生，使彼此的情感发生共鸣，则他们自然心悦诚服，乐于达到教师所期望达到的目标，亦即达到"继志"的目的。

"没有时间，我要回家搞科学实验"

不久后的一天，班上的一名小女生愤愤不平地对我说："王老师，林小稳那个家伙好过分，轮到他值日，竟然说'没有时间，我要回家搞科学实验'。"听了这话，我的眼睛为之一亮。当天，我就走进了林小稳的家。他的家里，墙角堆放着的电池、灯座、电磁铁、导线、指南针、放大镜、试管、网子、打气筒、量筒、水槽、软木塞、高温计……这些，都吸引着我的眼球。他的老奶奶告诉我，那些东西是小稳自己在课余时间捡垃圾卖钱换来的。是啊，家境贫寒的外来工子女，他们也有自己的梦想。这，就是希望。第二天，我牵着小稳的手带他认识了两位朋友，一位是继捧回第六届贤銮科技创新大赛二等奖、第四届泉州市青少年科技创新大赛一等奖之后，不久前又荣获全国小学生"小探索者"科学小论文竞赛一等奖的本校五年级学生林理涵，另一位是学校的科学专任教师叶建美。我还帮小稳报名参加了学校的科技兴趣小组。临近期末的一个下午，学校广播里传来了小主持人播报的"喜讯"："下面公布学校本届'科技小制作'获奖同学名单……二等奖，三年二班，林小稳……"课上，我情绪激昂地带领同学们对小稳取得的成绩表达由衷的祝贺。那一刻，我分明看到那双眼睛在发亮，在微笑。咦！我在哪儿见过这双眼睛呢？对，龙岩小帅哥家杨在《品德与社会》课上向同学们介绍特色美食"簸箕饭"做法的时候，陕北小女孩于静在口语课上操着字正腔圆的北方普通话给我们讲故事的时候……这样的眼神，我喜欢！正如心理学家马斯洛所认为，自我实现的需要，是一种心愿，是个人的成长与发展、发挥自身潜能、实现理想与抱负的需要；是一种追求，个人能力得到极大发挥的内在的驱动力量；是人的行为最强大、最持久的激励因素。所以教师要读懂每一位学生，了解他们方方面面的表现，关注他们的成长进步，对他们成长过程中的优点和长处要善于及时发现，并及时加以肯定，加以鼓励和强化，满足他们渴求尊重和自我实现的心理需要，并使其成为他们克服前进道路上各种困难和障碍的强大动力。

激励、暗示与感染

我心里非常清楚，小稳还很不自信，因为每回考试，他交上来的试卷上"姓名"一栏里填的都是"神秘人"。要求小稳的学习成绩于一朝一夕间突飞猛进是不现实的，但一个人的主观能动性一旦被充分调动起来，其潜能将有望被最大限度地挖掘。怎样才能帮助小稳树立起学习上的信心呢？我想起了心理学上的"皮格马利翁效应"，其核心被简要地概括为："说你行，你就行，不行也行。"在"观察物体"考试之前，我利用课余时间悄悄地把小稳叫过来，对于将要考试的试题中最难部分，引导他对摆放着的物体从不同的角度进行观察并想象其他角度的观察结果最后进行验证。他学得不错，越学越有劲。并且，我与他有个约定，这次一定要在考卷上大大方方、端端正正地写上自己的名字。单元考试的结果出来后，我把那张属于"林小稳"的 100 分的卷子贴在了教室里最显眼的地方，上面画有我的笑脸，并加注了鼓励语。这回，他"一蹦三尺高"，同学们也开始对他"刮目相看"了。后来，他虽没再考过100 分，但是学习的积极性不断提高。像小稳这样的外来工子女还有不少，由于学习环境、家庭教育条件等方面因素的影响，不管是在学习上还是在其他方面，相当一部分外来工子女长期处在一种"我不行"的心理暗示当中，这无疑是可怕的。我想，教育工作的重点之一，就是让孩子体验"我能行"，让同伴们告诉他（她）"你能行"，持续的乐观、向上的精神状态真的能让他（她）变得"很行"。因为人的大脑就相当于电脑的"硬件"，意识就是这部无比精密电脑的"操作者"，如果给潜意识一个指令，潜意识就会认真地执行这个指令，为实现这个目标而行动起来。所以，一个人体验到成功的愉悦，想着进一步的成功，那他（她）就很有可能获得成功。

主要参考文献

图书

中华人民共和国教育部. 义务教育数学课程标准（2022 年版）[M]. 北京：北京师范大学出版社，2022.

史宁中，曹一鸣. 义务教育数学课程标准（2022 年版）解读[M]. 北京：北京师范大学出版社，2022.

中华人民共和国教育部. 普通高中语文课程标准[M]. 北京：北京师范大学出版社，2003.

教育部北京师范大学基础教育课程研究中心. 义务教育教科书数学教师教学用书（五年级上、下册）[M]. 北京：北京师范大学出版社，2022.

罗鸣亮. 构建说理的数学课堂[M]. 福州：福建教育出版社. 2023.

论文

王兆正."儿童生长数学"的教学思考[J]. 中小学教师培训，2010（12）：45-48.

匡金龙. 数学课堂：让知识自然生长[J]. 江苏教育，2013（33）：38-40.

余文森. 论"读思达"教学法［J］. 课程·教材·教法，2021（4）：52-59.

梁丽英. 论"教学相长"内涵发展及对当代教师专业发展的启示［J］. 教育与教学研究，2015（6）：47-50.

蔡杰. 借助多元表征，助学生明理悟法［J］. 小学教学（下半月·数学），2022（11）：71-73.

唐凌霄. 构建结构化教学体系，促进学生认知结构发展［J］. 小学教学（下半月·数学），2023（4）：60-62.

栾晓婕. 问题引领，沟通联系，促进深度学习［J］. 辽宁教育，2023（7）：18-22.

孙保华. 运用有效观察搭建思维桥梁［J］. 教育实践与研究，2019（19）：64-66.

沈丹丹. 简论数学符号语言的特征［J］. 现代语文 2015（9）：6-8.

麻红梅. 论如何在解决问题过程中应用符号化思想［J］. 小学教学研究，2016（12）：52-53.

李静. 发展小学生数学符号意识的几点思考［J］. 课程教育研究，2019（35）：133-134.

郑晓婧. "双减"背景下指向深度阅读的命题探索［J］. 天津教育，2022（1）：81-83.

王培明. 一棵树摇动另一棵树［J］. 思想理论教育，2010（6）：70-72.

王培明. 引领孩子深入数学思考［J］. 小学教学·数学，2010（12）：40-41.

王培明. 数学教学：简约而不简单［J］. 新教师 2013（6）：32

—33.

王培明. 有效的引导式体验例谈［J］. 教师，2012（21）：86.

王培明. 着眼细节，激活教材，渗透数学思想方法［J］. 中小学数学（小学版），2014（3）：51–52.

王培明. 强化"凑十"思维，建立"模型"结构［J］. 中小学数学（小学版），2016（8）：95–97.

王培明. 在对比中反思，在反思中生长［J］. 华夏教师，2018（5）：77–78.

王培明. 重方法指导，促思维生长［J］. 教育艺术，2018（6）：15–16.

傅承林，王培明，苏茜茗. 让课堂彰显生长的力量［J］. 小学数学教育，2019（5）：44–46.

王培明. 循标观联而整合之，促进数学思维生长［J］. 考试周刊，2020（5）：79–80.

江丽芬，王培明，苏茜茗. 亲历"数学化"提升思维品质［J］. 小学数学教育，2020（11）：58–60.

王培明. 依托多维互动，促进量感生长［J］. 名师在线，2021（22）：24–25.

王培明. 问题引领，让数学思考自然生发［J］. 福建教育，2022（1）：48–50.

后　记

　　我，生长于农村。小时候曾体验过干各式各样农活的艰辛，曾经历过卖冰棍、雪糕、油条和碗糕的吆喝，曾面临过不能上学的恐惧，对"读书"的渴望清晰地刻写在稚嫩的脸庞上……

　　从不敢想，有朝一日能出版一本自己的书。回眸，诸多磨砺与坚持，浮现脑海；思今，众多鼓励与帮助，感恩于心；展望，几许期待与憧憬，勇毅笃行。

　　感恩 17 年农村教学生涯，为我提炼"构建富有生长力的数学课堂"这一教学主张奠定了坚实的基础。在那期间，我得到了林长庆校长、黄金华校长、洪一鸣主任、肖冬生校长等师长的耐心指导和培养。

　　感恩福建省小学数学第三批教学研究基地校专家组的导师们。在泉州师院附小作为省基地校培育单位期间，我在罗鸣亮老师、苏茜茗老师、黄志强校长、陈巧亮副校长的信任和悉心指导下，担任基地校研究课题"构建富有生长力的数学课堂的探索与实践"的负责人，兼任该工作项目的学校联系人，围绕教学主张进行理论与实践研究，各方面能力获得很大的提升。

　　感恩至今 11 年的泉州师院附小教学生涯，感谢学校数学组的老师们，他们给予了我无尽的温暖和前进的动力。在我参加各级教学比赛期间，苏茜茗、卓和平、黄志强、林丽珍、谢玉娗、陈志辉等前辈指导我前行。正所谓教学相长，在指导陈国聪、蔡燕婷、江丽芬、徐健兰、傅承林、曾建军、郑晓婧、黄凌翔、陈欣茹等老师教学的过程中，形成了本书中的许多案例。

感谢罗鸣亮老师在百忙中拨冗为本书作序。

还有许多导师、同事、友人、亲人、学生，在此无法一一致谢，感恩永驻心间。他们与我进行真诚的合作和交流，或为我提供参考文献和资料，或在我写作期间给予鼓励和支持，或为书稿提出宝贵的建议和指导，或在教学过程中给予我触动和灵感，让研究与撰写过程充满温情，愉悦且充实。

真诚希望，拙作能够抛砖引玉，与教育同人们相互启发、交流。作为初次尝试，时间紧促，且个人学识有限，书中难免有错误、疏漏或偏颇之处，敬请诸位前辈及方家指点、斧正。

掩卷之时，"生长"一词仍回旋在我的思绪中，弥久不散。人生是一场美丽的邂逅，教师与学生的相遇也是一种缘分，有缘在教育教学过程中互促共长。此书的问世是我对过去的教学进行的回望、反思与梳理，同时也是我专业成长过程中一个新的起点，它将激励我继续坚定地行走在传道、授业、解惑的道路上，努力探索更多的教学奥秘，用心欣赏更美的教学风景，与孩子们一起享受拔节生长的幸福与快乐！

2024 年 4 月 6 日